James N. Powell

Energy and Eros

Teachings on the Art of Love

ジェイムズ・N. パウエル　　浅野敏夫訳

エロスと精気《エネルギー》

性愛術指南

法政大学出版局

James N. Powell
ENERGY AND EROS
Teachings on the Art of Love

Japanese translation rights arranged with
William Morrow and Company, Inc., New York
through Asano Agency, Inc., Tokyo

アンに捧げる

目次

1　おぼこ娘

今は亡きアラン・ワッツ[一]の談話を聴いたことがあるという幸運な人たち。その場合、ワッツが哲理を語る魅力的なお道化者であったという記憶をもつ人が多いのではあるまいか。ほとんどどんな話柄にもくだけた洞察をみなぎらせ、東洋の思想を西洋人に語る際には、まことものを鋭く看破する機知を披瀝したのが彼であった。彼はある折に、インドの有名な呪文であるマントラ（真言）、つまりア・ウ・ンの意味について述べたことがある。インドでは、難解な神学的飛躍がぎっしりつまっているこのマントラについて何冊もの書物が書かれてきた。ある解釈によれば、「ア」は意識が醒めている状態、「ウ」は夢を見ている状態、「ン」は夢を見ていない眠りであるという。マントラを――ア・ウ・ン、ア・ウ・ン、ア・ウ・ン、ア・ウ・ンと――心で唱えると、繰り返しの間の無音が深まっていって、そこに生じるのが純粋意識がおのずから輝く第四の状態である。

だがワッツは、ヒンドゥー教をからかうのをことのほか好んで、アウンを別様に解釈している。若くて純真なころ、人は「アー！」と言う。少しばかり世慣れてくると、感情をこめた「ウー……」という猫撫で声を出し始める。で、老後の知恵をつけてくれれば、訳知りの「ンー……」という音を口ごもるようになる。それが彼のたわむれ交じりの見解である。「ウー……」と言い「ンー……」と言っているときでも、「アー！」と思う感性はなくさないところに人生の秘密がある。そう彼は言う。言い換えれば、感情的経験とか知恵の蓄積でもって、自分の純真な驚きの感覚を曇らせるな、ということである。

ヒンドゥー教の信仰によれば、全創造物は、輝かしいばかりに美しい、音声の女神から輝きながら生まれてくる。「アー」は彼女の子宮であり、創造のエネルギーの根源的領域であり、これが音と形のことごとくを、生まれるものの無自覚のうちに産み出す。そこで、「アー……」と声を延ばしながら唇をゆっくり閉じれば、ア・ウ・ンという音の全部が「アー」から出てくることが知れることになる。

日本には純真さを表す言葉がひとつある。「ものの哀れ」というのだが、これは事物を前にして「アー」と思う感性を指している。この感性は実際のところ、日本の伝統文化の基層のひとつである。絵画、書道、音曲、茶道、生け花、漢詩といった、禅の影響下にある芸術の根底にはこの感性が存在している。そうした芸術はみな、統御された事象に柔らかく応じていける能力を養うところに立脚している。そこから、「ものの哀れ」は純真さ崇拝を促す結果になった。ブレイクが比較的目立たぬ物に対して沈潜した思考をめぐらしたのも同じ崇拝心からであったはずである。日本の歌人にとって、「アー」と思う感性はさまざまに微妙な陰影をもっている。それは、桃の木々のあいだに、ようやく花をつけた桜を見つけるとか、遅い降雪の上に桜の花びらが散らばっている様を見る、といった自然美を虚心に味わう感性でもあり、また、突然の豪雨と黒い雷雲の轟音に見舞われて鴨が鳴きながらあたりを右往左往するおかしみも表現できる感性でもある。嵐を前にして、遠くかすかに白く見える鷗の鳴き声がただようなかに海が刻一刻暗さを深めるといった、ほとんど神秘的と言っていいほど超現実的な感覚でもある。予期せぬこと、美感の一瞬のひらめき、既知の経験によって曇らされていない感覚、知力とは無縁である感覚を実感するのがその感性なのである。ふいにポキンと小枝が折れる、夜のしじまに鐘がゴーンと鳴る。そんなことが意識を強く現在に浮かび上がらせるのである。

数年前に私は、「アー」と思う感性を豊かにもっている多感で美しい娘に会ったことがある。若やいだ雰囲気、おおらかな細おもての顔立ち、モジリアーニの絵の女性のような大きな黒い目、すらりとした手足をもち、おだやかにしてたおやかな品の良さが備わっていた。彼女とはいい友人になり、よくいっしょに森のなかを長い散歩をし、自然美を堪能したものであった。互いのことをいささか知り合ったのち、彼女は、自分には性の経験がまったくないのだと私に打ち明け、どうか性愛という不思議へのてほどきをしてほしいと切り出した。

それからまもなく、私と彼女は粗末な小屋に二人っきりで、レコードでショパンの夜想曲を聴いている事態とあいなった。彼女の黒髪を撫でながら私はキスをした。そのあとに起こるであろう推移に怖じ気づいた様子で、彼女は私の手をおしとどめて、こう言った。「このまましばらく抱いているだけにして。兄と妹のように」。腕を私にからめて、彼女は強く力を入れた。二人は気持ちを解放し、互いの存在の暖かみと親密感を心地よく味わい始めた。性行為とか情欲についてはきっぱりと放念。しばらくして、私は二人の吐く息吸う息がまさにあうんの呼吸、みごとにぴったり重なっていることに気づいた。おだやかな感情の海に二人はたゆたい、平安でありながら熱情的な静謐の状態にどんどん落ちてゆく。そんなおもむきであった。二人の肉体の埒が溶解し、吐息がつかのま停止し、二人の肉体が、時空を超えた一個の存在に交じり合うことになった。次いで、二個の肉体の全身は歓喜にブルブルとうち震え、再度二人は、静かなる歓喜のエネルギーが体内を駆け巡るのを実感したことであった。そっとやさしく愛撫しあいながら、そのまま数時間を過ごして、また輝かしき一体感に陥る状態となった。二人とも、性行為、情欲、処女性、色情などについてはいっさいを忘れ、体のなかに湧き上がる、また二人の間に湧き上がるエネルギーと情動の圧倒的に美しい波動にひたすら身をまかすだけであった。だからこの事態は、いうならば、性愛の手練手管になんの不足もないといってよかろう私が、性にまったく無知である若い処女によって、私の経験にないところの、技巧を放念した深みに導かれた事態であったのである。

以来、二人の体が密着している時間は、二人の肉体がゆっくりと静かに溶け合うのをもって始まることを、私はいつも確認する次第となった。二人の感覚能力、心的能力、さらには情動の能力のいっさいが宙ぶらりんになり、二人はあい触れ合う二個の魂以外のものでなくなる。そんな感覚にとらわれるのがたびたびだった。性愛行動における二人の体の動きのどれひとつとして意識してなされたものでなく、すべてが自然に発するのであった。エネルギーの場における波動のようなものであったわけである。のちに、中国の山水画にある、明るいのだが靄のかかった空所から峰々が屹立している様を思いあわせたり、いっさいのものを包み込む沈黙に身をゆだねてしまう道家の方法に思いいたった。道家の思想家たちは、人が触れる場が深く広大であればあるほど、関係性への人の対応能力が大きくなることをわきまえていた。およそ二千年前、老子が述べたように、「陽を得たいのなら、陰を取り込むように」。「アー」と思う感性、柔和さ、単純を取り込め。個人のエゴの動きを放念し、最も深いエネルギー場の広大な関係の力にゆだねよ。「為すべき方法は在ることなり」と老子は言う。

こうした経験と考察に照らし合わせて、私は、わが文化の一員としての私がそれまでまったく疑いもしないで採ってきた性のとらえ方のことごとくを一から考え直し始めた。そしてまた、他の文化の性の伝統を調べ始めて、あの若い娘と私が体験した霊的交わりに類似した形の交わりを多くの文化が発見してきていることを私は知った。そのことから、根源的に二つの性の様態が存在することに気づく次第となった。西洋では、性とはいわばポップコーンを食べるようなものである。筋肉の持続運動が必要な、それはほとんど叩く動作であり、圧力をかけて砕くことがそこに生じる喜びの一端である。この方面の恋人たちにとって、瞑想的で静かな交わりなどは、ポップコーンを口に入れたままにして唾液でベトベトと溶けるのを待つようなものであろう。それでは味覚もだいなしである。

また別の文化では、性はアイスクリームを食べるのに似ている。未経験の人にとってアイスクリームのひとすくいは冷たくて味気無いものかもしれないが、実はひそかな深い味わいをもっている。ポップコーンを咀嚼するのに必要な筋肉活動に比べれば、アイスクリームを食べるのは、目のくらむような美的快楽を誘発できるような耽溺の行為である。これぞ霊的忘我なりと言うむきがあってもおかしくない。アイスクリームを食べるのは口中の満足という段階を超えている。アイスクリームの場合、器官の局部的な動きはただのひとつも必要ないからだ。噛むという、筋肉、腱、骨を動員する運動は必要がない。アイスクリームに心底からの情熱を燃やす人は、もはや小片を歯でかみ切るなどというものではない。凍った歓喜の塊にキスをし、そっと吸い、舌と口蓋の間においてやさしくころがし、うまみを口中に広がらせたうえで、頭にまでそれを浸透させ、体内を駆け巡らせ、アイスクリームという実在の気孔という気孔を、アイスクリームという霊的存在の分子という分子を浸透させるのである。せわしなく口蓋を動かして食べるのではその醍醐味は味わえまい。

ポップコーン型の恋人たちが、犬を——ペットとしての犬を——好むのはほぼまちがいない。そして、よだれを垂らして、あえぐような愛情を求めるであろう。熱心過ぎるほどの犬にしてようやく応じることができる愛情を求めるのだ。この方面の恋人たちを「あえぎ属」と分類してよかろう。性的交合の「あえぎの極」とでも呼べる方面にはっきり傾斜した属である。他方のアイスクリーム型の恋人たちは、愛情表現において猫タイプであって、雌のジャガーが雄に寄り添って寝ている際に発する奔放なゴロゴロ声と、そのとき見せるしなやかな放恣を好む。この恋人たちは「ゴロゴロ属」と名づけることができるのであり、性的交合の「ゴロゴロの極」に近いわけである。好みがどうあれ、愛情表現が百パーセント犬的であるとか猫的である恋人たちはほとんどいないだろう。むしろ、激しいあえぎと溺れるようなゴロゴロ声の両方、貪欲に咬む行為としなやかに身を投げ出す行為の双方を含むセックス——ロッキー・ロード・アイスクリーム（二）のようなそれ——を楽しむのが大方なのである。

西洋の恋人たちは「あえぎの極」に向かう傾向があり、性衝動《セクシャリティ》の「あえぎ原理」とでも言える原理に同調する。その理由はなかなかに錯綜していて、西洋の文化・精神・心・肉体・関係性に深く根ざしているのである。しかしながら、性衝動の「ゴロゴロ原理」は好ましい側面を多々もっている。こちらの原理を存分に解明するためには、西洋のわれわれはわれわれ自身を改めて考察したうえで、われわれの現在の性を条件づけているものからわれわれ自身を解放してみなければならない。しかも、心性、知性の面からそれをやるのはもとより、情動、肉体性、関係性の面からもやってみる必要がある。

以下、西洋における性衝動を改めて考えてみることから始め、次いで古代中国、インド——「ゴロゴロ原理」が洗練の極みに達した文化たち——に目を転じることにする。

2 礼儀

彼は彼女を傷つけている。もちろん彼はそれと気づいていない。彼女の表情からして、最高の情感的満足を彼女は味わっているのだと、彼が信じて疑わないのが実状なのだ。彼には彼女の感情のありようを訊くことはできない。結局のところ、彼は男である。自分は彼女の感情をわきまえている。そう彼は思い込んでしまっている。

「いや！　やめて！」と彼女は叫ぶわけにはいかない。彼の感情を傷つけたくないからだ。そして、つまるところ彼は男である。彼は自分が彼女の感情をわきまえていると思い込んでいる。たぶんそれが傷つけるということであろう。ひとつ確かなことがある。彼女には一言も言えないということ。言ってしまえば、彼女は無垢の処女ではあるまいと見られるだろう。

突然、彼女は事が終わったことを知る。彼のニヤッとした表情と、彼が動きをやめた事実によってそれを知る。私、家に帰ったほうがいいわね、と彼女は言う。彼はまことに礼儀正しい。車で彼女を家までおくり、外から車のドアを開けてやり、玄関までエスコートする。おやすみのキスをする。彼女は家に入るとまっすぐ浴室に向かい、体を洗う。その後、キッチンに行って、冷蔵庫を開けてアップルパイを取り出して、まるごとむさぼるように食べる。で、寝室に行って、恋愛小説を読みきってしまう。彼は車でアスレチッククラブにゆき、今度の成果を自慢げに吹聴する。

同じころ、南太平洋のある島では、十三歳の男の子が性の経験を開始する儀礼を受けている。同じ村の男たちがペニスの一番長い部分にそって浅い切り傷を入れる。それによって、それまでは女性だけのものであった性器からの出血、つまり月経という神秘と、出産という女性の驚異の能力とが、ペニスについた傷に転移される。その傷は膣の意味をもたされる。女性の能力を模倣することによって、彼は男になる。数日後、ペニスの傷のかさぶたはまだ全部はとれていないのだが、晴れて彼は性の初体験を済ますことができる。彼は、非処女で年上の女性と寝る。年長者が選んだ女性である。ペニスの傷がまだ直りきっていないから、傷口が開いてしまわないように、私がたっぷり濡れるまで待って、ゆっくり入れなさい。彼女はそう教える。無理に出し入れせずに、下腹部を彼女に押し付けるだけしかやってはならない。そうすることで、クリトリスへの刺激を与えて彼女を満足させ、彼は彼で自分のオルガスムをいつまでも引き延ばすことができる。それから彼女はさまざまな体位を取りつつ彼を導いて、女の体をすみずみまで教えることになる。

儀礼を通過すると、若い男たちは家族と寝食を共にせず、独身者用の小屋に寝泊まりする。若い女が若い男を選んで、彼の小屋で彼と寝るということもある。それは六カ月の間、毎晩続く。その後、彼女は別の男を選んで、六カ月を彼と過ごす。こうして、四、五人の男を知ったあとで、彼女は一番好きな男を選んで結婚する。

ブラジルの原野に夜が近づいてくる。あるブッシュマンの小さな部族がたき火を起こす。食事を済ますと、何組もの男女が性の営みをするべく藪に消えてゆく。しかし、この際、スポーツを観戦するみたいにこの営みを見物しようという陽気な一団がついて行く場合がままある。朝になると、部族の全員が裸体となった大集団になっており、それがたき火の燃えかすを囲んでいる。集団のこの営みは毎晩繰り返される。

インドネシアのダニ大峡谷については、人類学者の長い悩みとなっていた。男女が結婚すると、初夜に性の営みをもつのだが、二度目の営みは二年後までなされないのだ。子供がひとり生まれると、四年から六年の間、二人は性の営みを控える。だが、そんな禁欲にも、みじめ、欲求不満、ストレスの影はない。見たところ穏やかで健康な部族なのである。

中世以来、ソ連、ヨーロッパのいくつものキリスト教宗派が去勢を行ってきた。肉欲の誘惑を克服する唯一の手段だと考えられてきたのである。当然のこと、そこにわが宗派こそキリスト教にあって唯一正統なりの考えが生まれる。

ヒトは動物よりはるかに多様な形の性生活を営んでいる。動物の場合、それぞれの種の範囲内で性の形態を厳しく限定される傾向があるからである。たとえば、ある種のエビは雌雄同体である。成長過程でそのエビは雄から雌にゆっくり変化する。睾丸が縮んでいって卵巣になる。雌のときは卵を生み、雄のときは卵を受精させる。——雌雄である一生の間——そのエビはこの形態を変えることができない。哺乳動物は、雌が発情しているときに限って交接が行われることが多い。非発情期には、雌雄とも自慰をして済ます。象は鼻を使って自慰をする。雌の象が発情期に近づくと、雌は雄を選んで、媚態を示して追いかけの行動に誘う。大抵の場合、雌はその追いかけにわざと負ける。つかまると、雄と雌はお互いの鼻で愛撫し合い、鼻を相手の口に入れたり、鼻と鼻とをしっかりと巻きつけ合う。この求愛段階は数週間続き、雌の発情にいたってようやく、二頭は性交渉の仕上げをするために、隔離された樹陰をさがす。雄が雌におおいかぶさって、雄はその巨体を動かしもせずに交接をする。体とは独立してペニスが動くのだ。雄が自分でペニスをそのような具合にするのだが、五トンを越える体重の動物どうしが情熱の交換をする場合の物理的特性がそれを可能にさせたと言えるのではないか。雌が妊娠すると、懐胎期間はほぼ二年に及ぶ。出産をしたのち、雌が次の発情にいたって雄が近づいてくるのに三年がかかる。それを考えれば、象があれほど長い鼻を進化させてきた理由がわかる。

雌の象はただ一頭の雄とだけ連れ添うのだが、雌のチンパンジーが発情すると、集団にいるすべての雄と十日間次々と交尾をする。しかし、この雌を異常性欲昂進と考えることはできない。その行動はまさにあたりまえ、毎度のこと。チンパンジーの雌の多くはまったく同様の行動をするのである。

動物の行動は例外なく、全体的であれ部分的であれ遺伝に制御されている。ただし、ヒトと一部の動物にあっては、遺伝は発生的なものであると同じ程度に文化的なものでありうる。性は学習されるわけだ。そして、ヒトが学習するということにはっきりした利点がいくつかないこともない。たとえばヒトは、複数のセックスの体位を取る点で、動物王国の全体においてほとんど唯一の（ゴリラと鯨は数少ない例外だが）生物である。雌の発情期だけに交尾が限定されないという自由を、ヒトは、手長猿、イルカと共有している。ヒトは前戯という性行動をする点で、事実上唯一の種である。

人間にあって、性行為は自然に発生するのではなく、文化的に伝播されるものである。文化的に受容された人間の性の思想・神話・思考のすべてが集積されて性衝動（セクシャリティ）と呼ばれるものになる。そして、性という肉体的現実が、人間の性衝動と無縁に存在しているためしはない。人間の文化には、性的広告、叙情的な歌、小説、映画、果てもなく勢揃いした性の手引書が一杯つまってはいるが、性そのものはどこまでもとらえどころのないものであるかに見える。人が性衝動を生み出せば生み出すほど、つまり性について語り、書き、読み、考えることを重ねれば重ねるほど、かえって性はいまだあばかれていない秘密の部分をひそめている具合なのである。その秘密の最新の解明がどこかの研究所でなされ、性の手引書として刊行され、マスコミのワイドショウで紹介され、共通理解として認知されたときのみ、つまりその秘密が性衝動になるときのみ、その秘密は、人が寝室で行う性というものに翻案されることになる。

しかし、人の文化がたえず性衝動の領域を拡大し、ひいては現実の性行為を拡大するのだとして、ではその文化は実際に人の性の喜びを拡大してきたのだろうか？　常識的な知恵によれば、満足できる性関係が幸福な結婚の基盤だということになる。しかし、性の知識が増大するのに歩調が合っているのは離婚率の増加ぐらいのものであるように見える。文化がわれわれに語っていない事柄、もしくは、語るのだがそれでかえってわれわれに見えにくくなってしまう事柄があるのはまちがいない。この問題の大部分は、人が学習する性の考え方のなかに矛盾が取り込まれるところにある。とくに女性はかなり入り組んだ情報を取り込んできた。性は不浄、性器も不浄だと多くの女性が知らされてきたのだが、それでいて、性と性器が結婚初夜における夫への最大の贈り物である。女性は純潔にして貞節であるべきでありつつ、性行為が巧みであるべきである。つまり、彼女たちは処女にして娼婦でなければならない。無垢で貞節であるのと、媚を売るのと、どちらが考え過ぎなのか。それが大抵の女性にはわからない。若い女性が「体を許す」ところまで行かないと、男は女がじらしていると考える。許せば許したで、ふしだらと思われる。セックスは男をつかまえる一手段であるし、また年頃の娘がボーイフレンドの気持ちを自分に向けておきたかったら、彼女は体を許すしかない。「それをほしがる」のが男であるとされる。彼女は自分の体のことはともかくとして、彼の関心をつないでおくために過不足のない性の領域を与えるべきだとされる。戦術としての服従と機敏なはぐらかしとの間、つまりうその抵抗とおもねりの服従との間にあるあの刺激的な位置に住まうというむずかしい技巧。それを彼女は習得しなければならない。長い年月、若い女性がそういうふるまいをするなら、彼女が結婚生活において性の障害に苦しみ、目立たぬ場所でのペッティングの脅えとなつかしさを、彼女の最も罪深い性の出会いとして振り返るとしても何ら異とするに足りないことである。

ある若い女性が結婚するまで処女でいたいと思っていると仮定しよう。膣口以外の、身体にあるすべての穴を彼女が売り渡して、そのうえでなお処女膜を保ったまま祭壇の前に立つということは可能である。あるいは、男とキスさえ一度もしたことがないのに、大学の学生クラブ主催のパーティーで、酔っ払ったフットボールの有名選手に押し倒されることもありうる。その場合、彼女は、強姦の被害者、非処女、未熟な性体験者という三重の聖痕を身にまとうことになる。

他方、男たちは童貞だということをさほど好ましいものとは考えない。男は男女の身体構造の違いを乗り越えてあらゆる知識をもつべきで、一人びとり性的に異なる女性たちのそれぞれのいじらしい好みをつかんでおくべきだとされる。けれども、恋人と性の話題を口にする場合、男はあえて男らしからぬ風情を見せる。女性について口に出されぬ幻想がひとつある。「本物の愛であるなら、彼は私を喜ばせてくれるすべを知るだろう」と女性は考える。ところが彼がそれを知ることにならず、しかも二人が気持ちを伝え合うことがなければ、二人とも別のところで「本物の愛」を捜すことになる、という幻想である。

そのような、完璧にすばらしい性関係の多くが性の幻想の材料になって、それが文化的に伝播されてゆくことになる。人間の性衝動のために、性は損傷を受けている。条件づけられていないひとつの性の知識を取り戻さねばならないとしたら、われわれは人間の情熱の歴史をひもといてみる必要がある。人の性衝動の静かに秘められた幻想的基盤をいくつも掘り下げて検討し、最終的には、われわれを性愛へと走らせるもろもろの力を明らかにしなければならない。見捨てられた神殿の神の、時間を超えた石の顔の秘密を明らかにするようなものである。というのも、私が幻想と言う場合、それは非現実とか錯覚という意味ではないからだ。逆なのであって、幻想はこのうえなく現実的なものである。もろもろの幻想はわれわれわれの行動のひとつひとつを指図している。われわれは幻想のことを考えたり夢に見たりしない。幻想がわれわれのことを考えたり夢に見るのである。幻想は絶対の無言を守るために、簡単にその存在を知られることを拒み、われわれがそれと知ったり承諾せぬのに、幻想はわれわれをつき動かすのだ。われわれは、もろもろの幻想だけが唯一の現実であるかのように、幻想を行動する。幻想はわれわれのまさに肉体と感情になる。だから、幻想たちが互いに仲たがいする場合、われわれの肉体と感情もまた仲たがいせずにはいない。両者はそれぞれの戦術を具体化しようと努めて、われわれが安眠するのを妨げる。そこで、性の幻想を考察することにしようではないか。これを守れとその幻想が強要してくるもろもろの語られぬ命令を、顔つき合わせて見てみるために。

悪魔の戸口

権力はかならず性を管理しようとするものだが、西洋において性衝動を型にはめようとした強権力のひとつがキリスト教であった。キリスト教は、情熱に悪しき性質のあることを教えるのにおさおさ怠ることがなく、原罪という観念を人に植えつけた。神学は男の仕事であった関係から、原罪は女がもっているものとされてきた。イエスは信仰篤い売春婦にやさしみをかけたという伝聞がある。しかし、「だれでも、情欲をいだいて女を見る者は、心の中ですでに姦淫をしたのである」という言葉を吐いたことのほうで、イエスはよく記憶されている。

タルススの聖パウロは性の管理という事態をいっそう推し進めた。キリストに全身のめり込んで、いつなんどきでもキリストの復活を望んでいたパウロは、男とその救い主との完全な合一を妨げる可能性のあるどんなものをも――とくに女を――遠ざけた。だから、パウロは厳しい独身生活をおくり、他人にも同じ禁欲に耐えるように説いた。「男子は婦人にふれないがよい」と述べたのがそれである。彼は女は男より劣るのだと思い込んでいた。というのも、男が神の形にかたどって造られたのに対して、女は男を助ける者として造られ、男に従属して生きねばならなかったからであった。なんといっても、エデンの園でアダムを迷わせ、ひいては人類の全部に堕落の印を刻んだのはイヴであったのだ。女によってつくられたこの罪の状態から世界を救済するために、神は神の「ただひとりの息子」を犠牲に供さねばならなかった。神はなぜ神の「ただひとりの娘」を造り、彼女を犠牲に供しなかったのか。その疑問は当然出てくる。

セックス抜きの愛ではがまんできない者たちに対しては、パウロは「情の燃えるよりは結婚するほうがよい」と言って、結婚を認めた。しかし、結婚の性であってもそれは生殖を目的にしたものに限るべきで、快楽と情熱は避けなければならぬとパウロは説く。原始キリスト教の聖職者には、「童貞を保ち」、結婚もせず性交渉ももたない男たちがいた。この時代には「精神的愛」はたくさんあって、パウロですらそうした精神的情熱の対象になることをまぬがれなかった。美しい乙女のテクラとは結婚の間際まで行ったらしい。ある日、バルコニーに座っていて、パウロが民衆に説教しているのを彼女は耳にする。その言葉に深い感動を覚えたテクラは、男の子の服装に身を包んでそっと家を出て、パウロの行く先々についてゆく。パウロの死後、彼女は山の洞穴に入り、以後七十年をそこに暮らす。

結果として「自分だけの乙女をともなう」ことがかなりはやることになって、聖ヨハネス・クリュソストモス、ナツィアンツの聖グレゴリウス、聖ヒエロニムスの批判するところとなった。こうした関係では、男はキリスト者の処女とともに暮らし、ときには同衾もするが、オルガスムは避けたのであった。こうした同衾へのキリスト教徒の非難は、個々人が結婚していないこと、肉体の交渉が生殖――肉体交渉をする唯一「是認された」根拠――にいたらないことに向けられた。この種の純潔な愛は権勢をもつキリスト教教会によって抑えられたのだが、十二世紀のヨーロッパに同じタイプの愛が、宮廷愛という形で登場してくる。

キリスト教が中世ヨーロッパに広がるにともない、ヨーロッパ人のすべてがキリスト教の傘下に入り、精神と肉体の対立という聖職者的観念に従うことになる。キリスト教は、薔薇という中世を要約するような象徴を用意した。精神的象徴としての薔薇は聖母マリアであり、主イエスはその体から芳香を放ちながらこの世に生まれたことになった。薔薇の花びらの気孔から赤い香りが放たれることになぞらえられたわけだ。毎日、陽が中世ヨーロッパに昇ると、陽光がフランスの寺院のステンドグラスからさし込んできて、ロザリオを繰っている敬虔な信者たちに降り注ぎ、薔薇窓というその時代の最もまばゆい建築付属物を照らしたことだろう。薔薇が描かれたその大きな円形の窓の中心にはマリアが描かれ、まわりには憧れのまなざしで彼女を見つめるたくさんの天使たち、彼女の資性を象徴している鳩たちがいる。ダンテは天国の主を、天上のもののように純な薔薇という形で表現した。薔薇の花弁に座す天使たちが、一群の蜂のように花芯から立ち上がり、かぐわしい神の光がただよっている場所におもむく。だがこの光景は、詩人ダンテがひとりの地上の女性〔ベアトリーチェ〕の美しさのことを法悦にひたりながら思念することによって、彼にもたらされるのである。そのとき、この薔薇はかならずしも処女の香りではない。花弁たちのぼってりした暗い底部は、情熱、若さ、ひとりの地上の女性のキラキラと輝く美しさのあからさまな象徴である。かりに、教会がそんな美しさをもった無垢なる愛のための場所を用意することができなかったとしたら、ただ異端のものを産み出すばかりであっただろう。

中世の生活にキリスト教の教義がどれほど染み込んでいたものか、その度合いを想像するのはむずかしい。というのは、中世の生活のまるごとが、キリスト教が古代ギリシャから引き継いだひとつの宇宙観にのっとって営まれていたからである。地球中心のこの宇宙観によれば、地球は七つの透明な自転している天球のなかに包み込まれているひとつの天球であり、その七つにはそれぞれ惑星が一つ住んでいる。七つとは、月、水星、金星、太陽、火星、木星、土星である。七つの金属、音階の七つの音符、学問の七分野が惑星のひとつを欲しがるのと同じく、一週間の一日一日もそれぞれひとつの惑星を欲しいと言う。はるか天上高くをさまよっているのが天界の神である。神の魂が肉体をもつと、神が通過するそれぞれの球体がもっている属性と成分を、神は吸収し、最後に地球にやってくる。無垢なる純粋性を取り戻した神が天界に帰るとき、その魂は肉体と成分のすべてを地球に残してゆく。かくして、神性がもつ芳香は地上の情熱をもつ暗い花弁たちから限りなく消し去られることになる。

生活の社会的・宗教的部分はその生活の構造の完璧な模写であった。皇帝と教皇は地上にあって神から任命された者以外の存在ではなかった。彼らの布告に盲目的に服従することで、人々は天界の調和に自分を協和させ、救われる保証を得た。聖母崇拝を強化するのに投ぜられた資本と労働の総体はとてつもなく大きかった。たとえば、一一七〇年から一二七〇年のフランスだけでみても、八十の寺院と五百の教会が建築されたのだが、これに要した費用がおよそ五十億フランであった。しかしながら、天界、聖母、神といった概念にしても、これと対立する別の力を想定せずにはほとんど存在できなかった。それすなわち悪魔である。魂を汚れさせ、だまし、破滅させ、別の世界にひきずり降ろす悪魔。別の世界とは、底無しの地獄、永遠に業火が燃えている地獄にほかならない。

中世の異端者たちは拷問され絞首刑になったが、しかし、彼らが恐れたのは拷問台でも絞首台でもなく、悪魔の牢獄の悪臭きわまる火炎であった。聖母崇拝と同じ線上に生じたのが、ほかならぬこの永遠の業火についての悪臭放つ悪夢だった。地獄はみだらな魂が最後にたどり着く場所であり、天国は汚れなき聖母とその純潔な帰依者たちが永久《とわ》に住まう所であるとされた。

中世ヨーロッパの宮廷では、結婚は、聖職者によって是認されていたとはいえ、不幸な道をたどる場合が多かった。一家の願望による、政略目的、経済目的の結婚であったからだ。ほとんど少女と言っていいような女性がはるか年上の男と婚約させられ、結婚すれば、夫が聖なる戦争におもむいているあいだ、死に値する罪を犯さぬようにと、彼女たちは鉄製の貞操帯をはかせられることが多かった。若い女が姦通を犯した場合、彼女とその相手は地上においてはもとより、地獄というもっとずっと恐ろしい世界において激しい責め苦に苛まれるとされていた。こうして、教父テルトゥリアヌスは女性を「悪魔の戸口」と呼ぶことになった。

礼節（*cortezia*）

乙女が領主と結婚したら、彼女は当然宮廷の第一夫人になり、侍女の乙女たちにかしずかれることになる。しかし、男たち――貴族、騎士、金持ち、従者、小姓――の数は女性よりはるかに多かった。それでいて、男たちはみな第一夫人より身分が低いわけだ。宮廷婦人は、城のまわりの田園の粗野とは対照的な、蠱惑と無為と豪奢な洗練の世界に入っていった。城主とその夫人の間に愛が介在していない場合――その例はしばしばあったのだが――、多くの吟遊詩人や騎士と、その彼らがひそかに恋している夫人との間に人目をしのぶ視線が飛び交い、地獄の業火もなんのその、彼らの心にさぞや激しい恋心が燃えさかったにちがいない。

彼らはなにをしたか？

彼らがしたのは東洋からひとつの教訓を学ぶことだった。だが、学びながら、西洋独自のものを彼らはつくり出した。中世ヨーロッパにおいてそうであったように、同時代のインドでも家族の取り計らいによる結婚の結果、愛を介在させない結婚になることがしばしばであった。結婚の責務に耐えるために、情熱の喜びという情動は神に向かうことになる。神への愛には五段階があって、それは「礼拝に行く」段階から神に呪縛される痛みの段階まであることを、インドの聖者たちは教えている。

第一段階の宗教的愛は、主人に対する召使いの従順に似たもので、だから、個人の責任を捨てて行動する気力のない者たちがこの愛を盲目的にいだくことになる。第二は、友情に似ている。召使いは主人と対等の口をきいたり、口答えをしたり、議論をすることはできない。それが親友同士であったら、互いに存分の応答を交わす議論もできようし、あけすけに口げんかだってできる。第三は、親子の性質をもった宗教的愛である。ここでは崇拝する者は親であって、神は子供として愛される。第四の愛は夫婦間の愛に似たもの、もしくは気持ちのうえでキリストの花嫁になるカトリックの修道女の感情に似たものである。インドでは、妻は、夫を神であるように思いつつ連れ添うべきとか、妻が女神として扱われないような家族は精神的な結実を産み出さない、と言われている。だから、たとえ夫が熱心なヨーガ行者であっても、妻を粗末にしか扱わないのであれば、彼の信仰への献身もなんの結実ももたらさないことになる。配偶者どうしのこの配慮はひとつの義務なのであって、西洋にあるような理想愛《ロマンティック・ラブ》とはいっさい無縁である。しかし、ヒンドゥー教徒は情熱的な放恣が大切であることは認めたのであって、だから、五番目の宗教的愛の最高段階のものは禁制とされる情熱的な愛である。この愛は人を稲妻のように打ち、結婚生活への義務を放念させ、意志と反対の方向につれ去る。この愛はサンスクリット叙情詩人ジャヤデーヴァによってうたいあげられている。神の化身である若いクリシュナが、そのなまめかしいまなざしと笛の音色で若妻たちをとりこにするという叙情詩〔『ギータゴーヴィンダ』〕である。夜、笛の蠱惑的な旋律を聞いて、若妻たちは夫のいる寝所を忍び出て、月光照らす空き地で、天国のように輝いている浅黒い若い神とともに踊り、交合をする。ここでは、不貞の妻たちは地獄の業火に焼かれるどころか、天国を保証されるのである。

この聖なる情熱という考え方はイスラム圏に広がり、スーフィー教徒がその情熱をファナー、自我滅却という名のもとでうたい、アラブの神秘主義的な恋愛詩、恋愛歌の主題になった。これらの詩歌では、男が不在の恋人を求めて身を焦がし、二人の距離が遠ければ遠いほど、彼の恋心は高じる。熱情あふれるこの叙情が花開いた中心地のひとつが、十世紀、十一世紀のムーア人スペインのアンダルシア地方であった。この情熱とそれをうたう詩がスペインを出てピレネー山脈を越えてしまえば、南フランスの宮廷に入ってゆくのはいとも簡単なことだった。この情熱は貞節な既婚婦人とその崇拝者の心に火をつけて、禁制の愛を賛美しうたうように駆り立てた。こうして、南フランスのプロヴァンスの宮廷で、宮廷愛崇拝が十二世紀の末ごろまで花開く次第となった。

映画、大衆音楽、文学を通じて、またとりわけ人の行動のあり方によって理想愛《ロマンティック・ラブ》という原理にたっぷり浸ってきた今の西洋人としては、いまさら宮廷愛といっても、そこに新鮮なものを感じるのはむずかしいだろう。つまり、若者は歌で愛する人を賛美すべきだとか、愛が文学の中心主題であるべきだというのはしごくあたりまえのことであるからだ。しかしながら、部族制社会の、古い伝統の時代の中国・日本の、プラトン、アリストテレス、聖パウロの時代環境の人だったら、あたりまえかあたりまえでないかという問いを発することさえなかっただろう。というのも、十一世紀の末プロヴァンスにまったく突然始まった宮廷愛は、人間の感情と文学の歴史において独特なものであったからである。プロヴァンス語のコルテシア（*cortezia*）に由来するドアの開け方その他の礼儀作法。そこに示される女性に対する西洋流の敬意は他の社会のどこにも見られないものである。インドの夫は妻を女神のごとく扱うと言われるのだが、その場合、彼女は「夫といっしょに」テーブルにつくことはない。宮廷愛が生じる前、西洋文学、西洋の歌に一貫してあった主題は、友愛であり、プラトニック・ラブであり、宗教的愛であった。男女の愛は古代文学に出てくる肉体的快楽のレベルを超えることはまずなかった。その古代文学にあっては、女性は献身の対象ではなく、官能的喜悦の対象であった――その喜悦は、セックスをするためにはたぶん好都合であっただろうが、男性が戦争に招集されたり祈禱式に呼ばれた瞬間に忘れ去られるものであった。『オデュッセイア』にあるように、貞淑な妻の価値がときに認められた一方、王妃ペネロペイアのもとへのオデュッセウスの帰還そのものが、雄々しい試練がさまざまあって、それらの試練が戦争から引き揚げてくる勇敢なる戦士たちの同胞愛に直面するということがあり、それでようやく可能になることなのだ。情熱的な愛が生まれると、古代の人々はそれを狂気と同類の病とみなす傾向になった。

インドでは、情熱的な愛は宗教的な愛に向かい、歓喜という統一におもむく傾向があったが、西洋の愛（*amor*）崇拝は神の方向には向かわなかった。隣人を愛する（そしてどの隣人も愛し合う）ということはキリスト者の責務ではなかった。また、それは無差別のみだらな動物的衝動でもなかった。そうではなく、ある特定の人間存在への個人的愛の表現を含んだのが隣人愛であった。教会という権威、社会という権威に依存するのではなく、個人の選択に依拠し、そうした権威にあえてはむかうのが隣人愛であったのである。中世の恋人たちは、彼らに課せられていた聖母とか地獄という神学はあっさり無視した。その代わりに、自然や無垢なる人間愛のなかに神意を感じるというキリスト教以前の素朴な神学に彼らは戻ったのであった。

中世のアベラールとエロイーズの恋愛悲劇には、いま述べた二つの神学の対立がはっきり現れている。三十九歳のアベラールはパリの希代の碩学であった。彼は十八歳の美しい女性エロイーズを誘う。妊娠した彼女に、彼は結婚しようと言う。彼女は、結婚という枠に哲学者の彼を閉じ込めるよりは愛人のままでいたいと言って、結婚は拒否する。その間に、エロイーズの伯父がアベラールを去勢してしまう。アベラールはエロイーズを修道院にともなう。何年も彼からの便りがないまま、エロイーズは一通の手紙を書いて沈黙を破る。自分は神をではなくアベラールを愛している。アベラールといっしょになれるなら、自分は地獄の業火も恐れない、という内容の手紙である。どんな権威もものともしないという決意であった。情欲につき動かされていたアベラールのほうは、古い神学にしがみつき、時代の社会的因習に身を屈する。

ローマ・カトリック教会という聖なる権威と聖なる結婚の誓いとに違反することになってでも、愛において自分の意志を信じるというエロイーズの考え方には、ルネッサンスの最初の光明が見てとれる。つまりは、愛（*amor*）はローマ（Roma）と逆綴りなのである。

愛崇拝は南フランスの宮廷にとどまってはいなかった。異教の情熱に動かされていた住民のすべてに、ローマ皇帝コンスタンティヌスやカロリング朝時代の皇帝たちによってキリスト教の教義が強制されてきた中世ヨーロッパ。その全土で愛崇拝が花開いたのである。きらびやかな甲冑の騎士と城壁から投げキスをする美しい乙女との間に花開いた愛。その果実をわれわれは今も食べている。というのは、愛（*amor*）や礼節（*cortezia*）は徐々に変質し、理想愛《ロマンティック・ラブ》として知られる西洋独自の価値になってきたからである。城にいる麗しき乙女に騎士としての行いを捧げるべく、きらびやかな甲冑に身を包んで走り回る。今の男たちはもうそんなことはしないとはいえ、現代の文学、娯楽、礼儀作法、歌、感情の全体が、光輝く宮廷的感情の何本もの糸で織り上げられ、その織地に動かされて、男たちは、理想愛が成就するという幸福を永遠に追い求めている。その見えぬ織地によって、われわれは愛を追求するように暗黙のうちに駆り立てられるものだから、われわれ自身はそのことを疑問にすら思わない。われわれの燃えるように激しい夢、最も根深い渇望、最も意味深い行動は、その織地が求めてくる、沈黙している割りに執拗であるもろもろの要求を劇化したものであるのだが、われわれはそうと思ってもみない。いかにも深い呪縛にわれわれはとらわれているので、われわれの最も聖なる探求を成就するためには、プラトニック・ラブも宗教的愛も、兄弟愛も父性愛も夫婦愛も家族愛も、自己愛も性愛も喜んで忘れるだろう。われわれを呪縛し、われわれにとりついているこの力のヴェールの向こうを、われわれは決して見ようとしない。なぜなら、われわれがひたすらその力に身を預け、もっと完全に心を解き放ち、もっと深い催眠状態になることを願え、というのがその力の要求のひとつであるからだ。しかし、その力という神話の飾りのない真実を問い、見つめてみること、つまり、その神話の登場人物であるわれわれが身をゆだねているさまざまな葛藤と不安を明らかにするということは、すなわち、呪縛を消し去り、蠱惑的な幻想から心を解放することであり、また、蜃気楼のようなその神話が、蜃気楼なら決して与えてくれようもないひとつの現実を約束してくれることに気づくことでもある。

われわれを理想の方向に変化させよう、もっと充実して密度濃く生きるようにさせようと約束してくれる理想化されたエロティシズムへのこの親和力は、いったいどこから生まれるものか？ あの織地の糸たちはどんな要素からできあがっているのだろうか？ 宮廷愛は、トルバドゥールと呼ばれた吟遊詩人たちによってうたわれた歌でまず人気を博した。高嶺の花の女性をせいいっぱい理想化して誉めあげた歌である。トルバドゥールたちはひとりの女性への己の献身をうたい、彼女の気高さ美しさを賛美し、彼女ひとりに身を捧げることを誓い、彼女が見せる軽蔑の態度を嘆き、彼女のためにさらなる徳を磨いて騎士としての行動を捧げることを誓約したものであった。そのような愛はキリスト教の結婚と修道院的な禁欲主義の価値観をあざ笑うものであった。キリスト教の禁欲的な愛がひとつの超越的な力への脱個人化された憧れに依拠しており、結婚がしばしば愛なき義務であったのに対して、宮廷愛は、世俗にあってキリスト教の献身よりも親密であるひとつの献身的な情熱を前提にしていた。宮廷愛は生きているひとりの人間に向けられたものであったからだ。自分の妻に向けたものであっても情熱的な愛は人に語ってはならぬ罪であると、聖職者たちが強制改宗された者たちに説いていたときに、トルバドゥールたちは、真の情熱は結婚とはまったく反対のものだとうたっていた。結婚は姦通だけから生じるからだ、という理由だった。そして、聖職者たちが、生殖目的でない性行為のすべてを咎めた一方、トルバドゥールたちは人の情熱的な愛の純粋な力を賛美してうたった。こうして、愛崇拝はまさにひとつの宗教的情熱そのものにほかならなかったのである。若い騎士やトルバドゥールは自分の愛する人をだれよりも高い所に置いたはずである。そのうえで、農業にたずさわるたくさんの女性とセックスのつき合いをしようが、宮廷関係では愛する人に操を立てなければならなかった。愛される者はかならず手の届かぬ所いた——普通は城主と結婚している夫人であった——から、愛する者と愛される者との関係は必然的に貞淑なものであった。それに、宮廷愛は貞淑なる姦通という形式にのっかっており、だから、社会や道徳を顧みない情熱、幸福すら顧みない情熱によって燃えあがるのがこの愛であった。情熱的で不幸な、そしてしばしば命を落とすにいたる姦通をヨーロッパ大陸の文学の主題とする長い伝統。それは宮廷愛に由来しているのである。

宮廷愛が貞節に基づいているもうひとつの理由は、情熱を肉体的に充足させるなら、情熱に終止符を打ってしまうはずだから、愛する者たちは実際にはそれを充足させることには関心をもっていなかったことである。彼らは情熱の充足よりも、情熱を引き延ばし強化させることを願ったのだ。この情熱に終止符が打たれてしまえば、愛される者は超越的な崇拝の対象であることをやめ、たんなるひとりの女性である立場に降格してしまう。あの時代のある詩人が述べているのだが、「自分の愛する人をわがものにしたがる者はまったく無知である。実現してしまえば、それはもはや愛ではない」。こうしてみると、宮廷愛は、愛がまだ純潔であって、未知なる喜びのこわさとそれへの憧憬とが満ちみちていた一九五〇年代の青年たちの愛にかなり似ている。どちらの愛も障害——愛の充足を妨げるもの——があればこそ燃え立ち、情熱をなおいっそう激しいものにする。

距離は抜きん出た障害である。宮廷愛をいだく者はひたすら待って、貞節な献身をもって愛する。彼は、今も将来も決して獲得できないであろう人を待つ。はるかかなたの王女、塔にいる乙女、あるいは現代で言えば、婚約者と手をつないで大通りを歩いている男が一瞬ちらと見る、赤いフェラーリに乗っている金髪娘を待つのだ。愛する側は愛の対象の女性の存在ではなく、その不在を求めるのであれば、そこにいとも奇矯な問題が出てくる。愛する者と対象の女性とは互いに愛しあっているのか、という問題である。

ドニ・ド・ルージュモンは『愛と西洋』〔邦訳『愛について』〕のなかで、二人は真実愛しているのだが、相互を愛するのではない、と説得力ある論述をしている。二人が愛するのは、愛の対象の人であるよりは愛の自覚――愛のなかにいるという状態――そのものである。愛される人は、愛する人自身が昂揚してゆくための存在として機能するかぎりにおいてのみ貴重な価値をもつのである。二人は見た目は互いに夢中になっているのだが、二人の情熱はそれぞれのナルシシズムを隠すだけのものである。情熱はひとつの幸福を約束するのだが、情熱はその幸福を、人知を超えた次元においてしかもたらすことができない。

早いころのあるトルバドゥールはうたった。「愛について私は知っている。愛の法則を見守る者に、愛は多大の喜びを与えてくれることを」と。貞節は愛の法則のひとつであって、しかもその場合の貞節は、貞節でありながらも、儀礼化された愛が少なくとも一部の人によって実践される、そんな貞節であった。トルバドゥールは彼の愛する人をいとおしむように見つめ続けたであろう。大きな情感が二人を包む。彼は彼女の服を脱がせ、裸身の彼女を抱き寄せる。二人は貞節な抱擁のまま何時間も横になっている。この状態で交合はしないまま、トルバドゥールは相手の法悦的な喜びをわがものとする。こんな愛の目的を、初期のトルバドゥールであったポアティエのヴィレムが述べている。「わが精神を一新し肉体を再生させて、年をとらないがため、私はわが婦人を所有したい。愛の喜びをうまく維持する者は百年生きるだろう」。この技巧は、健康、長生、脱俗を得るために中国、インドで実践された神秘主義的性愛のそれに似ている。それについては次章以降で考察する。すでに述べたように、トルバドゥールの愛の信仰と東洋の性の知恵との間に歴史的なつながりがあった可能性は大いにある。宮廷愛はまた、男が処女（*agapetae*）を抱き寄せて行う、性器のオルガスムを避けた瞑想的抱擁（*coitus reservatus*）という初期キリスト教の実践にも似ている。聖職者たちは宮廷愛の実践を抑止したのだが、それは宮廷愛崇拝に初期キリスト教の実践が再度現れてきたと見てとったからこそであった。

現代の理想愛《ロマンティック・ラブ》では、歓喜は貞節と一体なのではなく、情熱、官能、オルガスムと一体になっている。だから、欧米の文学、演劇、映画、歌の多くは、宮廷愛の通俗性と大衆性を避けている。現代小説の読者、今の映画の観客は、貞節とか穏健とか忍耐とかに価値を感じることはすでになくなっている。サスペンス、官能性、ハッピーエンド満載の筋立てがほしいのだ。しかし、情熱が最高の目的であることには変わりはない。真実の生き方をしたいなら、生身の男女がかならず獲得しなければならない目標が情熱であるからだ。理想愛の喧伝の波に攻めたてられてはいるが、われわれは獲得しがたく禁じられたものという困難な目標を求めている。宗教的愛、プラトニック・ラブ、友愛、夫婦愛、自己愛などについていっさいを忘れながらも、その目標は追いかけているのだ。いったいわれわれは、ウラディミル・ナボコフのロリータを、自分が獲得できる結婚適齢期の女性だと想像できるだろうか？　二人の前に立ちはだかる幾多の障害と二人の破局の死がなくて、われわれはロミオとジュリエットを想像できるものだろうか？

理想愛という神話の洪水に見舞われていると同時に、われわれは中流のモラルと言われるものによる猛攻を受けている。結婚して、かつては神秘的とも移ろいやすく傷つきやすいとも見えた相手の顔にいつしか慣れっこになる。それを良かれとするモラルである。だが、理想愛と結婚という二つの系は両立しない。届きがたい想いも、届いてしまえばたちまちありきたりになってしまう。遠くにある月に行きたいと長いこと願っておきながら、着いてみれば、おもしろく刺激的なものはまるでなく、遠い遠いところに昇る、まんまるな地球が一番おもしろいのと同じことである。

人は対立する二つの道徳性に駆られている。かたや、永遠の誠実を求める結婚の倫理、かたや、まるでつかまえどころのない獲物に猛烈に執着することをやめてはならぬとする衝迫的な情熱の倫理。

相手を過剰評価したイメージに依存するのが理想愛だから、理想愛は現実を否定する。理想愛は移ろわず永遠である、とされている。だが、実際にはそれは移ろうのである。相手の容姿に青春の美をむしばみつつ老化のきざしが忍び寄るとき、理想愛はしばしば移ろう。理想愛は喜びの精髄そのものだとも言われているが、理想愛は悲しみ、苦痛、自立の喪失もしばしばもたらすし、死すらももたらす。理想愛が現実に直面すれば、とくにそれが言える。相手と性関係を重ねれば愛は促されるとされているが、惰性に流れて愛が減衰する場合も多い。理想愛には、献身、永続性、奔放なる情熱、愛する女性の、とくにその身体的美しさの神格化と賛美が必要である。理想愛は強い情熱的感情につながり、結婚は、親戚とのつきあい、浴室みがき、おしめの取り替え、買い物、家計簿づけ、洗濯をし、相手の現実を見なければならない。理想愛をいだく者たちは、身なりを良くしているときだけしか相手を見ない。反対に、結婚は隠しようのなさに根拠があり、配偶者をあけっぴろげの状態で見なければならない。

理想愛神話の完璧主義的理想にのっとって歩ける者はごくごく稀である。そして、理想どおりに歩けぬ多くの人は、罪意識、挫折感、未熟の思いをいだくことになる。結婚という制約のなかでは理想愛の目標を成就できない。そういう理由ひとつで結婚しない者もいるだろう。結婚してしまうなら、彼らは自分の誓いを恨むかもしれない。さらに、現実において決して近づくことのできない人への強い愛の感情を募らせる者たちもあろう。その際、愛を募らせる者は既婚、独身どちらでもありうる。とはいえ、数ある大衆娯楽物、通俗小説は、理想愛に基づいた結婚が人生の目標であるようなことを語っている。精神病患者の大半が、述べてきた二つの価値体系を折衷させようとするところに生じる葛藤から病を得るのであるから、われわれ自身の生活における二つの価値体系の影響を検討してみるのは有益であろう。

すでに述べたように、結婚は安定、慣れ、誠実を要請し、理想愛は「障害」をこやしにする。宮廷愛において、情熱の成就を妨げる最大の障害。それは《貞節》である。この「障害」は、女性を永遠に獲得できぬものにし、だから永続的に望ましいものにしておくために、みずから障害になろうと名乗り出たものである。この障害が存在しない近代のロマンスは、多数の相手を求めるという形で、獲得しえぬものを設定する。しかし、あのドン・ファンにとって、次から次の獲得のどれもこれもがいかにも無事安泰に過ぎる。彼の欲望の熱は外から煽られて満足するということは決してなく、しかも、熱に火がついて熱を消費してしまう前に自分から熱をさましてゆく。彼の熱の場合、どこまで行ってもつかまえられない女性のことを考えて考えて、その熱が百万倍も燃え立つような機会はついぞやってこない。

理想愛が喧伝されたのはまた、望ましき性の役割というイメージが固定化されたことの大きな原因にもなった。現代の若者はきらびやかな甲冑を身につけて騎士を演じるかもしれない。鎧をつけていない彼は、男くささという心理的な甲冑を身にただよわすようになる。若い女性はたおやかで、か弱くおとなしい王女様を演じる。わたしが演じている王女様にこれなら値するわ、と彼女が考えてくれる程度の騎士らしさは彼として演じなければならない。彼女は彼女で、彼が演じている騎士の称賛に値すると彼が思ってくれる程度以上の王女様を演じる。二人はひたすら懸命に演技する。互いに相手のなかに、自分のなかにあれば恐れて抑制しなければならないいろいろな性格を見つけて、それを賛美しながら演技するのである。ひそかに彼のなかに隠されている直感的・情緒的性格、たおやかでおとなしい性格を、彼は自分のものだと決して主張してはならない。彼女のほうは、隠しもっている、合理的で、活発にして精力的な性格を金輪際見せられない。騎士の役割を固定化させることによって、男性は、従順な女性がひとりかならずつき合ってくれて、彼の男らしさにつっかい棒をかけてくれる保証を得る。日々における頑強にして攻撃的な世界から彼女を締め出すことで、彼は彼の舞台における競争から人類の二分の一を排除する。同時に、彼は自由にわがものにできる労働と性の確実な供給を得る。従順な王女の役割を固定化させることで、女性は王子様に永続的に大切に保護される保証を得る。それまでは彼のなかにだけ認めて賛美していたいわゆる男らしい部分が、自分のなかにあることを彼女が認知し、それをふまえて彼女が行動をする瞬間、彼女は彼の小さな王国を危険にさらすことになる。そして、彼女のなかにしか認めることのできなかった、世間で言うところの女らしさが彼自身のなかにあることに彼が目覚めるやいなや、彼は彼女の崇拝を失う危険を冒すことになる。おずおずとした若さにおいて、頑強な柱と見えるものと結婚する女性は、のちに厳しい認識に目覚めることがしばしばである。わたしは、隔たりがあって話も通じない息苦しくも退屈な男を釣り上げたと思いいたるのだ。彼女のなかで膨んでくるような感じがする「男っぽい」筋肉をきたえる機会を、今後この男はいっさい与えてくれないだろう、とも彼女は考える。そして、その中年男は重い足取りでドアを開けて、ラックに帽子をかけると荒々しい声で言う。「なあお前、これまでずっとお前が正しかった。だけど外の世間じゃお前の言い分は通らないぞ」。女房殿、その言葉を聞くやいなや、旦那の帽子をつかむと、「ばか言いなさい。世間じゃあんたの言い分は通らないよ！」と捨てぜりふを残してドアをけって出てゆく。

若い情熱の火種をたやさぬために、相互に隔絶した、定型としての男らしさ女らしさと称されるものを維持することはたぶん必要なのであろう。だが、この二つのらしさが一個の人格のなかで入り混じる所ならどこにでも、流動性と堅固さの混合を身につめ込んでいるひとりの人間がしばしば見い出されるだろう。この場合の混合は、暗々裡に受容された性の役割を乗り越えるものであり、また奥深い人格的誠実から生まれるものである。たとえば、男性の聖職者、芸術家、占い師の多くは、型通りの男の役割を乗り越えなければならなかった。それは、彼らの魂のいわゆる女性的源泉に触れてみるためであった。多くの言語において「魂」(soul) にあたる語が女性の性——ギリシャ語でプシューケー (*psyche*)、ラテン語でアニマ (*anima*)、スペイン語でアルマ (*alma*) ——であるのは偶然ではない。というのは、人間精神と生命の深い潮流との神秘的な関係は服従と自己放棄の関係であるからだ。男たちは知らねばならない。男の魂の「女性的」側面を取り戻すことは、人格の能力を犠牲にすることではなく、むしろその能力を高めることだ、ということを。

告解する動物

権力をもっている者たちにとって、性は大きな支柱であってきた。だから、カトリックの聖職者たちは単純に性を否定してこと足れりとしてきたわけではなかった。人々に性の違犯を認めさせる必要があったのだ。女性たちが聖母の子孫であると期待しながら、しかしやっぱりイブの末裔なのだと本音では考えている十三世紀のカトリックの聖職者たちは、義務としての告解の儀式を設けた。当初、義務としてはささやかなこの儀式はかなり簡素なものであった。性の領域では、告解はさほど多くなかったからだ。性的行為はそれだけで罪悪とされ、告解して清められるべき行為だとされた。権力と快楽との永遠の戦いにおいて、権力が最終的に不動の指揮権を取ったかに見えた。だが、教会に対する愛崇拝の反抗を述べたところで見てきたように、快楽は抑圧されると、二倍になった力ではじける傾向をもつ。だから、告解の制度は、性衝動を抑えるものであったはずが、かえってそれを煽る結果にしかならなかった。ミシェル・フーコーは『性の歴史』において、告解は、お祭り騒ぎで露出しようとする貪欲な性衝動を焚きつけるばかりだったと論じている。それというのも、まさに告解という行為そのものが、口頭で性衝動を露出させることであり、性衝動を微細に語ることであるからだ。それまで絶対的に堅固であり独立し不変で、語ってはならぬ悪であった性。その性が突如、厳しく自分自身を検証し、細かな分析に自分をゆだねることになった。それまで、性行為という罪だけが存在していた。今、罪人たちが微妙ながらありうる堕落した事柄を細部にわたって告白し始めた。そのときの体位を、相手を、夢想したことを、執着心を告白するのだ。かつては罪人だけが存在したのだが、今は、ポン引き、姦夫、情婦、売春婦、同性愛者、獣姦者などなど、なんでもござれになった。性衝動という一枚岩が砕かれ切り刻まれ、ひとつのものでありながら種々様々な形を取る悪徳にされた。性行為が罪であるだけにとどまらず、突如、性的欲望も性的妄想も罪であることになった。罪の領域全体が一夜にして千倍も拡大されたのであった。

尋問し、詮索し、探索し、あら捜しをし、検査するあの権力に抗って、昂然と言い抜けをし、逃げ口上を言い、違反するという快楽が生まれてきた。性の抑圧運動に違反する最も喜ばしい形式のひとつが、告解の儀式を利用して、聴罪司祭の前で自分が選び取った罪をひけらかし、丸裸にし、しゃべりちらすということであった。西洋社会はこうして告解趣味を育てた。告解は聴罪司祭の権力欲を満足させるとともに、告白者の反抗と浄罪の願いを満たした。西洋人が教会で告解するだけでなく、宗教改革とともに、告解は告解聴聞席の儀式に限定されるものでなくなった。裁判官、医者、教師、親、恋人の前で告解するようになったのである。西洋社会は告解する社会になった。宗教上の罪、犯罪、苦痛、快楽、面倒事、そして道徳的罪をもった者たちが告解するのだ。そして、西洋社会のほぼ全部の領域——家族、教育、宗教、医療、文学、心理学、哲学——がそんな告解をしぼり出して、性衝動の領分を無限なほどに広げた。悪業の語りは告解聴聞席で記録されるだけでなく、審問、診察、カウンセリング、学説展開、文学の普及にゆだねられることにもなった。告解の要素をなくした『ロリータ』など考えられるはずもないだろう。

聖職者たちは、結婚の外の性行為、生殖目的でない性行為はいっさい不正であり邪《よこしま》だと説いた。しかし、性衝動が募る結果として、ひとつひとつの邪が観察の対象になり、分類され、ついには制度化されるにいたる。ひとつひとつの邪が明確になってきて、おのずからひとつの種になった。種を同定するひとつの標識、ひとつの探求心、自己決定するひとつの権利をそなえた種になったのだ。

性衝動の新しい側面が逐一公表され明るみに出されるにつれて、その側面はそれ自体の生命を帯びたのだが、それだけでなく、その側面を観察し分類し論じるもろもろの制度が、自分のもつ能力に改めて気づいたのであった。それがとくに顕著だったのが医療だった。西洋社会の人々が、性にかんすることで知りたいのだが訊くのがはばかられる。だがやはり知りたいという場合、その主題を論じている数多い本、男性の医者が書く場合が多い本にあたれば済むだけの話である。本をひもといていけば、そこには何世紀にもわたって医者たちに告白されてきた内容が載っているはずだ。性の真実は、解剖図とラテン語名を完備した性科学という形で手にとって見ることができるとも言えよう。しかし、性の問題にかんする言説が多くなればなるほど、性はいよいよ大切なものになり、ますますわれわれの理解を超えたひとつの秘密に見えてくるものである。人には性を理解しそれを楽しみたいという飽くことのない願望がある。性を通じてこそ、あらゆる権力、権威を超えられると考えるからだ。人が意識的・無意識的に取り込んでいる性の知識・習慣が人を服従とか対立に導くなどとは、人は決して思っていない。

結婚のモラル、理想愛という神話、そして増加する一方の性知識が入り交じって、結婚のイメージが、快適な生殖と理想愛の楽園のようなものとしてつくり出されてきた。この領分に分け入るための魔法の公式は、幸福＝性、性＝挿入とオルガスム、といったものだろう。この公式は繰り返し現れてくるもので、結果として、人の心の最大の秘密の呪文になっている。この公式を考察して、それが真実かどうかを見てみることにしよう。

幸福＝性

心理療法の分野は、個人の幸福の鍵として性をかなり過剰に強調してきた。患者に、ほかの事柄は無視してまで、まず性に自分の葛藤の源を発見するように促してきたのである。不幸はかならずなんらかの性的な障害の帰結である、と人が考えるのもまことと無理からぬところがある。専門家の導きを求める人が、常日頃のセックスを行って緊張を解放させなさいと助言されることもあるだろう。性とはまるで無縁の領域に緊張の原因があるのかもしれないのに、である。しかし、問題の原因がいつになっても見いだされない場合、なにか自分の知らない形の性衝動があって、それを経験しなければ真の幸福を獲得できないのではないか、と人が思い始めることもありうるはずである。

人は性を通じて自己の充実を見い出すべきだとされている。ところが多くの場合、意識すべきだとされるほどは、人は性を意識しないものである。とくに、心理学者アブラハム・マズロウ博士の言う「自己実現した」タイプの人にそれが言える。持てる能力を全部発揮させたタイプの人物である。彼らは性以外の生活のさまざまな領域で充実し創造的であるから、セックスはさし迫った欲求にならない。しかし、自己実現している人にとって、オルガスムは普通の人の場合に比べて、より大切でもあり、またより大切でない。その両方であるのだ。より大切であるのは、オルガスムが、深い神秘的な感じとして、つまりいわゆる「絶頂経験」として、より存分に経験されるからである。だが、自己実現している人にとって、セックスは絶頂経験にいたるほんのひとつの経路であるにすぎない。だからセックスは深い歓びではあるが、個人の充実のために必要であるものとは意識されないのである。事実、世界の最も創造的で重要、かつ幸福な人物の多くが、みずから独身を選んだ修道僧や尼僧であった。

以上のことを、いまだ獲得できていない幸福を求めて、もっともっと複雑で普通ならざる性の経験にガツガツとのめり込まなければならない人と比べてみよう。その人はあれこれと性の本を読み、新手の体位、テクニックを実験し、セックスの相手を何度も変え、それでいて、幸福は、スポンジから水を絞り出すようにはセックスから絞り出せるようなものでないことに思いいたらないかもしれない。そうした、性による幸福を追い求める人は、どこまでもどこまでも未知の経験を追いかけ、質より量を求め始めることも考えられる。それだけはやってはならぬと思っている性衝動——同性愛、不倫、近親相姦——が思考の視野に入ってくるかもしれぬ。そして、どんなタブーもないような性的に無秩序な社会にあっては、禁断の歓びを追いかける者は早晩、越えてはならぬ線を越えることだろう。

だから、望むまま多彩な性生活を楽しむことができる現在、多くの人は逆にセックスに退屈しているものだから、アンディ・ウォーホル、ミック・ジャガーといった性の開拓者たちがみずから独身を選ぶことにもなる。六〇年代には処女であることは恥ずかしいものであったが、七〇年代にはむしろ流行の先端にあるものとされ、「全米処女解放戦線」も結成された。処女が健全な自己像を維持し、純潔を守る自由を確立できることを目的にした団体である。性的無秩序の時代を歩んだ結果、処女性のあかしを失った若い女性の多くが、まもなく失った純潔に憧れ始めるという現象が見られた。セックスに愛想を尽かしたので、彼女たちはまた貞節になった。セックスでみだらになるのは控えて、結婚か長い交際がいいわ、と考えてのことであった。それに、ヘルペス、エイズのような病気に感染するこわさもあって、特定の相手とだけ長いつき合いをする傾向が促された。こうして、キリスト教の独身の初期時代と、やはり貞節を重んじる中世の愛崇拝をたどって、人は性革命と性の無秩序を経験したのだが、結局、初期、中世よりももっと保守的な性の考え方に戻ったわけであった。

それでは、幸福は良きセックスとイコールなのか、それとも良きセックスは、幸福で健康な二人の間でもたれる、さまざまある愛情表現のうちのひとつであるにすぎないのであろうか？　われわれはセックスから、セックスで実際に得られる以上の多くのものをほしがる性向をもつようにつくられてきた。われわれは、性行為の多彩さと目新しさにとりつかれるよりは、存在の質と生起してくる情感に関心をもつべきである。人は何かを得ようとしてからっぽの心で性に近づいてはいるのではないか？　それとも、存在の充実を恋人に惜しみなく与えるべく、その充実のなかで恋人に接しているだろうか？　精神医学者たちが、疾患をすべて性の異常のせいにするのでなく、性の退行現象を初めとするさまざまな無気力症状から患者たちを解放しようとするのは賢明なのかもしれない。性衝動が注目されるのと同じ程度に、ダイエット、健康管理、睡眠、その他生活全般にわたる事柄も注目されてしかるべきである。全般において良好な状態であればこそ、しっかり安定した性交渉が保証されるからだ。その点で、生活全般を正常に保つのに抜かりなく注意する人は、本書の最終章で論じられるような再生としての性にスムーズに入ってゆけることだろう。

性＝挿入とオルガスム

われわれは普通、抱擁、愛撫、キス、ふざけ合い、まさぐり合い程度なら、「本番」だとか「セックスしている」とは考えない。それはひとつに、思春期のころ、セックスは親に禁じられていたが、ペッティングならまあ認めてもらえたからだろう。挿入は結婚するまでしてはならないとされた。むろん、若い女性の多くは、ひとりの男と一日素っ裸で過ごし、完全なオルガスムを味わっても、その後何年もテクニックで処女をよそおう。そういう女性とでも結婚したいと思う男性たちがまわりにいて、しかもそうした半‐処女がそういう好みをもった男性と結婚してもいいと思うかぎりであれば、彼ら、彼女らの戦略は実行可能であるだろう。しかしながら、そんなに長く「本番」を後延ばしするなら、かなりの数の処女膜はそれで保護されるではあろうが、困った結果が少なくとも二つ考えられる。まず、挿入への好奇心と期待とがいやがうえにも高まってしまうということ。若い女性の多くは、挿入からは十代に行ったペッティングほどの快感は得られないと言っている。次に、挿入がいったん性関係のほぼすべてとなってしまうと、全廃とまではゆかないまでも、やはりほかの性活動が手抜きになってしまいがちであること。若い男が挿入という禁断の目標にたどりついてしまえば、わずらわしい前戯など省略してしまうだろう。

挿入が「本番」と考えられるようになったのは、それが「セックスしている」からではない。それが唯一の生殖の道であり、だから唯一宗教的に是認された道であるからである。初期キリスト教は、挿入以外の性の快楽はすべて神への欺瞞、倒錯であると説いた。だがここで確認しておくべきは、神学は男性がつくり出したものであること。また、神の介在はないながら、挿入は生殖のために必要であるけれど、オルガスムは——少なくとも女性のオルガスムは——必要でないことも想起しておくべきである。

受精が種の保存のために必要であるがゆえに、またかならずしもすべての性行為が受精につながるのでもないがゆえに、雌は挿入されているあいだオルガスムを阻まれていて、だからそのあいだ雌は少しでも強い性感をほしがるような仕組みを、もし自然がつくり出していたら、それは喜ばしいことであった。一部の生物学者はそう述べてきた。それにまた、できるだけ早く射精するために、雄に必要な自慰という刺激を性交で得られる。そんな仕組みにもし自然が性交を組み立てていたら、これも喜ばしいことであっただろう。そうであったら、種の雌は最大量の精液を採取して、種の保存のチャンスを拡大できるところであった。というのも、天敵の多い環境にいる弱小の種にとって、高い生殖率が必要不可欠であるからだ。

発情期のチンパンジーの雌は、連続十日間、群れにいる雄の全部と交尾することがある。雄はおよそ三十秒間交尾をして射精したあと、藪に入り込んで回復を待つ。過程中心の雌は目的中心の雄と次々に交尾して、その雌はますます発情の度を高めることになる。ついには、雄の全部が性的に消耗するにいたる。

人間の話。かりに女性が挿入されているときにオルガスムを得るものならば、下方に向かって鼓動するその収縮で、ペニスは押し出され、精液も外に出てしまいがちになるだろう。逆に、彼女がオルガスムを得ない場合、膨張した膣の下部が衝立となって、精液を流失させないことになる。

どういう理由によるものか、女性の多くは挿入の際オルガスムをそう簡単には感じないのだが、にもかかわらず、セックスをするための唯一自然な道が挿入であるという幻想に女性は縛られている。だから、道徳は挿入しないセックスをとがめることになる。挿入は、男に生殖器の満足を保証しつつ種の再生を促すものであるとして、自然で道徳的で健全な、唯一の肉体的愛情表現として法的に制度化されてきたのであってみれば、挿入をしている際に女性のオルガスムはあって当然だと、少し思案してみれば考えられるはずであろう。オルガスムが得られない女性は心理学的に問題あり、と当の女性さえが思ってしまう場合も多い。

挿入が唯一正当な性行動だとされるもうひとつの理由。それはフロイトの説に由来するものである。ヴァギナのオルガスムは、子供を生める成熟した女性らしい女性、正常な女性の確実な性的反応であり、一方、クリトリスのオルガスムは神経症的で未熟、冷感症の女性に特徴的な性反応だと、フロイトは言う。彼はむろんヴィクトリア朝時代に書いたのである。ピアノの脚に慎ましくスカートがはかされ、本も男性と女性の著者で書棚が分けられていた時代である。この時代、女性は「女のヒステリー」を防ぐためと称して、クリトリスを切除された。フロイトによれば、少女が性感を感じる場所はクリトリスである。だが、少女が成熟するにともない、神経の張り巡らされたひどく感じやすいクリトリスから比較的神経の少ないヴァギナの方に、彼女は性の優位を変更しなければならない。これは、成熟した男性が陰嚢の刺激だけでオルガスムを感じるはずだというのと幾分似ている。こうして、女性の性の、過熱した解剖学的政治学が始まった。たとえフロイトの性の洞察が反論を招くものであっても（あとで私はその反論にふれようと思うが）、やはりその洞察は、男性の手軽なオルガスムの手段を保証する古い伝統をつくる一助になったことは否めない。というのも、彼の見解は文化の神話学に染み込んでいって、現在にいたるまで、性のなんたるかのイメージをその見解が彩ってきたからだ。規範のような彼の見解は男女両性の想像力において盛んに登場し、ロッカールームの猥談に語られ、通俗好色小説に描かれる。ハロルド・ロビンス(三)はこのジャンルの巨匠であり、性「教育者」の先頭に立つ人物である。彼が書いている。

　彼女がそっと彼のつなぎ服を脱がせると、彼は檻から出て猛ったライオンのように彼女にとびかかった。彼女は彼の包皮をゆっくりめくり、その赤く怒張した亀頭を剝き出しにし、自分の両手に包んだ。野球バットを握る要領だ。それを驚嘆のまなざしで見つめる。「すごいわ。本物の大砲だわ」。（略）下にいる彼を見ていて、彼女はなんだかぼんやりしてきた。ゆっくりゆっくり彼女もかがみ始める。彼が彼女のなかに入り始めたとき……彼の両足が持ち上がった。（略）まるで、白熱の鋼鉄の巨人が彼女の中心を貫いているみたいだ。それが彼女の体を開き、子宮、胃、心臓、喉とはい上がってくるまま、彼女はうめいた。（略）存分に彼が入ってくる前に、すでに彼女は絶頂をきわめ始めていた。工場で動いていたあの巨大なプレス機のような肉体の力で突かれると、彼女にはもう何度も押し寄せる絶頂感を抑えることなどできはしない。（略）少し頭もぼんやりしてきて、男と機械が一体になり、その力は彼女のあずかり知らぬものだった。で、引いては寄せるオルガスムの波が彼女の体を苛み、焼き焦げる一条の炎にしたとき、もう彼女の限界であった。フランス語で彼に叫んだ。

「来て！……早く、死んじゃう！」

彼の喉の深い所から咆哮がやって来て、手が彼女の乳房をわしづかみにした。（略）ありったけの体重を彼女にかぶせて、彼女の体から出てくる吐息を押さえつけると、彼女は精液の熱い怒濤の迸りが体内でドロドロした熔岩に変わるように感じた。また絶頂に登りつめたのだ。(1)

こうした小説から男女は以下のことを学ぶ。（1）女は荒々しくも激しい、しかも長いセックスを好むということ、（2）真正の性的合体は興奮の干満を経験するのではなく、絶えず強度を増加させるのであり、結果として同時のオルガスムにいたるということ、（3）セックスは優しさとか労りの瞬間をもたないということ、（4）トルストイが言ったように、「フランス語で言えないなら、多くの愛はたちまち色あせるだろう」ということ。しかし、この攻撃的な挿入というひな型は、男性の射精を説明するひな型ではあるだろうが、エロティシズムの全領域にはそれほど理想的に適合するものではない。『ハイト・リポート』でインタヴューを受けた全女性のうち、何かをヴァギナに挿入するだけでマスターベーションをしているのはわずか一・五パーセントのみであり、挿入されてほどほどのオルガスムを得られる女性は三〇パーセントしかいない。それを考えれば、男女どちらの性に挿入というひな型が役立っているかは明らかだろう。大衆文化の性の喧伝において男女に供されているとされている性は、まさに男性のための――射精を速やかに達成させるための――性である。前戯、挿入、前後運動という変わることのない過程において、前戯は、女性の原形質の愛液をたっぷり出させて潤滑をスムーズにするために行われることが多い。それで挿入が楽に行われることになる。この愛液でマスターベーションもスムーズになる。「前戯」という言葉自体は挿入というひな型を制度化する一助になる用語であるが、というのも、この用語には、挿入やオルガスムに届かない事態は「本番」ではなく、前戯だけでは快楽ではないという含意があるからである。挿入されて女性がオルガスムを得られないのなら、性の世界のこのペニス中心のひな型において、彼女がオルガスムを感じる機会はまったくありえないことになる。

クリトリスとヴァギナの二種の女性のオルガスムがあるというフロイトの見解は、『人間の性反応』〔『マスターズ報告』〕においてウィリアム・H・マスターズ博士とヴァージニア・E・ジョンソン女史によって退けられた。二人の考えでは、クリトリス・オルガスムとヴァギナ・オルガスムとの区別は無意味である。観察によれば、女性のオルガスムはすべて生理的にクリトリスに集中する、ということになった。挿入時におけるオルガスムはすべて、間接的なクリトリス刺激で生じるのであって、ヴァギナへの刺激によるのではない。多くの女性は複数回のオルガスムを感じ、オルガスムの感度はマスターベーション時が最高、男性の手による刺激が次、挿入時が一番弱い。そういう観察結果も二人は提出している。フロイト理論は一夜にして論破されたかに見えた。

フェミニストたちはこうした発見を歓迎した。それらの発見が、ヴァギナ刺激への依存と、だから男性の勃起したペニスへの依存から女性の性衝動を理論の上で解放したからだ。女性の性感、少なくともオルガスムの性感は、こうして男性の性感から自立することになり、女性たちは、男性が自分の歓びを求めるのと同じほど積極的に激しく歓びを求める権利と責任をもつことになった。しかし、この新しい認識も、性的密着と挿入の両方についての一般に受け入れられる新しいひな型がないことには、一般の人々のものになることはなかった――この新しい性衝動が現実のセックスになることはなかった――だろう。男性たちは自分のペニス中心の条件づけを放棄し、肉体的密着のもっと微妙な陰影を開発することに真の歓びを見い出さねばならなかった。女性たちにしても、性の男性優位を盲目的に、あるいはしぶしぶと受け入れてきたところから自分を解き放ち、自分なりに歓びの責任を取る必要が出てきた。彼女たちは、男性からもらった女性の性衝動のどんなひな型に対してもそれを敬して遠ざけ、女性のオルガスムにまつわる、ことさらな神秘などいっさいないことを知らざるをえなかった。それにはまったくしかるべき刺激が、挿入ではまず与えられない刺激が必要である。

クリトリス優位の時代が始まった。女性の多くが正当なクリトリス刺激を求め、どの性的接触でもオルガスムを感じたいと思い始めた。多くの男性はそうした刺激を与えることに汲々とし、相手の女性に終始オルガスムを感じさせなければならないと考えた。事実として、男女はオルガスムを追い求め始めたのだ。多くの男女は挿入の、雄羊がするような典型的な出し入れのやり方をやめて、クリトリスが二人の接しているところ（女性のなかにペニスを入れているところ）で圧迫され、こすられ、こねまわされる、そんなとぎれのない刺激を受けるような形で性交することになった。男女は、激しい運動ではなく、抱擁をリズミカルにやわらかに、徐々に強めながら、長くて深い挿入を楽しみ始めた。この方法を激しい運動に比べた場合、ペニスへの刺激は少なくなるから、男性のオルガスムがいつまでも先送りされる。「クリトリスの時代」以降、男女は、相互手淫、口淫など、挿入しないさまざまのセックスをするようにもなった。その後、ヴァギナ・オルガスムの神話は恐竜絶滅の道をたどったと女性たちが考えているさなか、グレーフェンベルク・スポットいわゆるGスポットが喧伝されるようになった。子宮頸部と恥骨の頂点の間の、ヴァギナ内部にある敏感な部分がそれである。これでヴァギナ対クリトリス論争が再燃することになった。

冷静状態であれば、Gスポットはせいぜい十セント硬貨ほどの大きさである。だが、性的に興奮すると腫脹して、これが刺激されると強烈な快感を覚えオルガスムにいたる。Gスポットは過敏すぎるから、クリトリス・オルガスムを感じる前にこのスポットが刺激されてはいけない。そのことは多くの女性が知っている。反対に、一度クリトリス・オルガスムが生じると、Gスポットの興奮はかなりに高まる。だが、この強烈に反応する部分を刺激する挿入も、クリトリス・オルガスムがなければ、実際には満足に達しない場合がある。

Gスポットを刺激するのには、正常位は最悪であろう。ペニスではヴァギナの前壁を刺激できないからだ。後背位と女性上位ならまずまず。一番いいのは、テーブルのような板を用いて、男性に対して女性の腰を高く上げる体位である。その板に女性が仰向けに乗り、足を男性の肩にだらりとのせる。男性は立って、どれくらい深くかとか、どれくらいのペースでとか、女性の指示に従う。この体位であれば、男女どちらもクリトリスに容易にさわることができる。

Gスポットが有名になって、クリトリス優位の時代は終わり、ヴァギナ・オルガスムの時代が始まった。男女たちはオルガスムという束縛の鎖をこしらえ始めた。新しい性文学がよってたかってそうすべきだと男女たちに語ったかのように、である。だがそうすることによって、彼らは、オルガスム、とくに女性のオルガスムを得ることに腐心しながらも、目的重視の性衝動に賛成していただけのことであった。「いったかい?」と訊かれて、女性が「ええ、いったわ」と答えてくれれば、男性は自分の男としての能力を実感できる次第。これは相互の存在を確認して無邪気に喜んでいるなどと言えるものではなく、たんに男らしさを確認するための機械的で運動的な手段でしかない。

性衝動についての無知と抑圧のあとの時代において、われわれはオルガスムに対していささか関心のもち過ぎということになった。オルガスムをでっち上げてきたどの女性も(男性も)、今後は関心のもち過ぎが事実であることを実感するだろう。性衝動、挿入、オルガスムの呪縛にとりつかれたまま、われわれは、より全身的でさまざまな形でありうる肉体的密着を粗末に扱い、もっぱら局部性器の満足だけに関心をもってきた。ただし、オルガスムを通じて、われわれはきわめて狭い、文化的に限定された、たったひとつのチャンネルから膨大な量のエネルギーを集めて、それを消費してきた。ほかのもろもろの文化が性的活力を求めてオルガスムのさまざまの効用を見い出したのに対して、われわれ西洋人は、オリンピック出場を目指す訓練のすさまじい熱気のごときものをもってオルガスムを追い求めた。単純でいてくつろいだ形の抱擁、愛撫の微細さ、いたわりの身体的表現はわれわれと無縁であった。ジャーメン・グリア(四)が言っていることだが、ポルノ映画を観、バイブレーターなどの器具を使い、スワッピングをし、そのあげく性はなにほども変わらなかった。セックスは今もって、せんじつめれば精液をヴァギナに放射することにほかならない。ゼリーをドーナツのなかに注ぎ込むようなものだ。女性は感情の親近感の方が挿入やオルガスムより大切だとよく言うけれど、やっぱり前戯、挿入、前後運動、オルガスムという儀式の全体——全ドーナツ型の儀式——に身をゆだねて、男性との肉体的密着を歓ぶことになる。だから、多くの女性にとって、良きセックスのひな型がレスビアンのセックスになったのはさして不思議ではない。

とはいえ、見返りを求めないというか、目的重視ではない肉体的密着が、どうしてそれ自体として享受されえないのか、その理由はいっさいない。肉体的かつ感情的睦まじさを共有することが、なぜかならず正常位につながり、性器の刺激、挿入、オルガスムに集中されるのか、その理由もいっさいない。さらに、肉体的歓びが、文化的に定められた、規則と目標をもった体操のような体技に収束してしまうのはなぜなのか、その理由もまったくない。

体技を行えという要請、オルガスムへの集中した性的衝動に応答せよという要請に従順であるなか、われわれはもっと微妙でありながらおっとりくだけた全身的な密着を見逃してきた。男性よりは女性の方がその見逃しに気づいているらしい。そこで、『ハイト・リポート』に出た女性たちの声を引用したい。ある女性はこう言っている。

私にとって、いいセックスとは性器をはるかに超えたものだわ。二人の肉体と魂の全部がお互いに探り合い、お互いを感じ合い、互いに感じやすくなり、抱き合い、いとしく思い合い、互いにやさしく、しっかりとわかり合い、努力して二人が一体になる。個々の人格でありながら、またそうじゃない。そういうのがいいセックスなのよ(2)。

これはドーナツ型儀式を完全に否定する考えであるかに見える。儀式の代わりに、探索、感性、相互認識、意志疎通、そして、二つの性器どうしではなく、「二人の肉体と魂の全部」どうしのほとんど神秘的とも言える一体感を大切に思うのがこの考えである。それにまた、かなりの程度レスビアン的なセックスにあてはまる考えでもあろう。前戯だけしかここにはなく、避妊は無用、妊娠の恐れは無しであるからだ。

さらに三つの声から、全身的な接触への欲求が女性一般にあるらしいことが窺われる。「時間をかけてやさしく情熱的に体を重ね合う。狂おしく何度もさわり合って。それでまるごと愛されているという感覚になるんだわ。ずっと求めてきたのはこれだけ。そう思える(3)」という発言。「これからはオルガスムなんかより、本当に気持ちのいい抱擁をされてみたいわ[4]」という感想。「現在の恋人と、二時間から六時間かけて、さすったり、さわったり、抱いたり、キスしたり、ただ体をあずけ合ったり、そういうことをするのよ[5]」という証言。

最後に、次の発言。より全身的な密着が、なぜ多くの女性にとって性器の刺激より意義深いのか、それを考える手立てをひとつこの発言が与えてくれる。

私には相手と密着しているのがオルガスムより大切なの。(オルガスムがほしいときは自分でするわ。)どっちかをとれというのなら、さわり合いの方を取るわ。キスし、抱き合い、さすり合い、相手をみつめ、相手を感じる。それが好きなの。ほんとよ。性器の刺激なしでいると二人で分かち合っているみたいな感じがするの。とくに、知り合って最初のころはそうだわね。どうしてかというと、セックスの興奮とかオルガスムがあると、なにか自分自身に気が集中しちゃって、ひとりぼっちになってしまう感じがするからだわ[6]。

性器の興奮とオルガスムがこの回答者を「ひとりぼっち」の感じにさせる。性器の興奮とオルガスムへの集中が、意志疎通しやすい肉体的密着に比べて、相手との断絶を生じやすいとか没関係的であるということが仮に正しいとしよう。その場合、興奮やオルガスムを重視することが、ときとして深い相互交流を妨げる作用を果たすことになりうる。性器の刺激に固執するセックスのパートナーたちは、しばしば心理的に分離されている感覚にとらわれ、互いを利用して、没関係的、非依存的、自己没入的、自己指向的「満足」を達成するだけの結果になる。そんな満足はどうみても部分的なもの――分離感の一時的な消失ないし緩和――であるにすぎない。だから、オルガスムが、欲求に内在する、関係をこしらえる力を抹消したり、その力を盲目的でナルシスティックな個人的歓びの瞬間とか最小の密着と置き換えてしまうなら、オルガスムは相手と自分を分離させるものになりうる。感情的にしっかりした人物、それは通常男性であるのだが、その人物は、性の領分の全体を利用して、疎外感を行動に表してつかのまそれを克服することができる。愛情とエネルギーを肉体によってもっと全身的に伝達するためには、関係を維持できる、もっと懐が深くて親密な力が必要であるが、そもそもそんな伝達は普通は封じられている。しかしながら、分離に向かう心的傾向にとらわれている感情と関心を、もし捨てることができて、代わりに親友に匹敵するような人物との関係を導入できるものならば、オルガスムによる解放の必要性は、つまり、分離感情をつかのまでも忘れなければというぎりぎりの必要性は、解消できるだろう。

そのとき、性はオルガスムへの衝動に根ざすのではなく、肉体から肉体への、魂から魂への伝達と交流に根ざしたものになるだろう。その交流こそは法悦の歓びである。多くの文化において、その枠内に限定された性役割と性の手引きすらが、そうした交流に根ざした性衝動とは相反するものになっているように見える。たとえば、多くの男性はセックスを、自分の男らしさを示す最も重要で決定的な物差しと考える。彼らには挿入とオルガスムなしには肉体的密着というものが考えられない。しかも、この同じ男たちが自分の役割を果たすに際してプレッシャーを感じる。そしてそのプレッシャーは、相互のくつろぎを、相手に要求することのない相互確認を、感情の共有に身をまかせることができる可能性を無効にしてしまう。

全身の歓びを抑制してしまうもうひとつの理由。それは子供のころ諭された性のタブーである。体はけがれている、それにさわるのは汚い。そうわれわれは教わってきた。それが肉体をピリピリと疑い深く見ることにつながり、われわれはオルガスムによって解放されるのを望むことになった。

そこで、性衝動についてのまったく新しいひな型、関係のひな型が必要になってくる。性にかんする文化的枠組みから人を解放でき、また親密なセックスのパートナーどうしが互いに、交流がどんどん深まる領域に誘い合うことを保証できる。そんなひな型である。そのひな型を求めて、次からの三章で、古代中国、古代インドの性の実践を考察することにしたい。そうすることで、わが西洋の枠組みをもっとしっかりと見据えることができるだろう。一部の伝統的な部族文化では、性は、肉体的刺激やオルガスムによる解放よりはむしろ、生体電子的で感情的、精神的な場《フィールド》に依拠している。ほかのいろいろな文化の性的な知恵からものを学びつつ、その性的な愚劣は避けることによって、われわれ西洋人の、急速に動いている性の認識をわれわれは最終的に豊かなものにしてゆくことができるものだろうか？

3　雲と雨

古代中国。桃の花をつけた小枝が一本、満月を後ろにおいてシルエットになっている。暗い湖面に星々が映じて光を放っている。それあたかも蛍の群れと見まがうばかり。はるか遠くを、馬車の一行が静かに渡ってゆく。松の香ひそかに漂うなか、悦楽の館が白い翡翠のごとく月光を集めている。夜が深まる。霧が湖面からサワサワと立ち昇り、松の香と入り混じる。ときおり山鳥たちが悲しげに鳴き交わす。しめやかなうめき声がときおり館から漏れてくる。微風が帳《とばり》をゆらし、几帳に描かれたつがいの黄金色の燕がいつまでも羽ばたいている傍らを抜けて、部屋に吹き込んでくる。几帳の向こうで若い女の体が張りつめている。黄金のかんざしが彼女の髪からハラリと落ち、眼はまぶたに覆われ、鼻孔が膨み、顔面が紅潮している。その恋人の「玉茎」が、彼女の「孤閨」のなかを夢のなかのように漂い、前に後ろに動いている。流れを縫うように上流に向かっている魚のようだ。黄帝(五)が、その千二百人の側室のひとりと「陰陽」を交えている。彼女の口が開いて、白い歯がこぼれる。舌はこわばったり膨んだり。おだやかな香りが枕から立ち昇る。彼女の「陰の潮」が満ちる。

古代中国では、性器、体位、動作の名称は卑猥な禁句の俗語でもみやびたラテン語でもなく、自然から借用した心象であった。その心象たちは、それらが象徴しているエロティックな要素独自の性質を反映させたものであった。そこで、「さまよう蜂が花弁を刺す」とか、「小舟が波間を進む」といった表現になった。こうした心象からは、男女の性行為が自然と同じほど無垢のものであることが窺われる。

しかし、いかに自然ではあっても、性の戯れには技巧がひとつつきまとう。というのも、黄帝は決して射精せず、眠らず、男十人を合わせた精力を誇ったと言われているからだ。房中術による精気《エネルギー》を用いて、彼は不死の体を獲得し、まばゆい光に包まれて天界に昇った。天界でも、彼は乙女たち相手に愛の秘術を駆使した。しかしながら、想像を超えた美しさと底知れない知恵をもった、彼の妃が彼をその秘術に導いたのでなかったなら、彼にしてもその天界の技巧はまったくもてなかったはずである。

その古代の房中術を理解するためには、中国の自然観をなにがしか知っておかなければならない。そのためには中国芸術の至宝とされてきた山水画を考察するのが、たぶん一番の近道であろう。中国の首都が北部の晋から南部の今の南京に移って、道教は社会のあらゆる階層に浸透し、中国で言う「山水」画に大きな影響を及ぼした。中国南部の険しい山頂、滔々と流れる川、澄み渡った湖。それらを見た中国北部の人々の反応は、かつて見たこともないほど明るく広々とした風景を絵に描くことであった。

こうした絵では、のこぎりの歯のような山並み、滔々たる川はぼんやりと浮き出て見え、淡く光っている雲から峰が突き出し、霞たなびく天上の海の上に漂っている。霞のなかで山たちはいっとき存在する小島のように現れかつ消えているかのようだ。宇宙というこの大海は、「呼吸」とか「精気《エネルギー》」の意味である〈気《チー》〉からできている。〈気〉は絶えず精気の二極の間で固体化したり溶解したり、暖まったり冷却したり、上昇したり降下したり、寄せたり引いたりしている。一極――女性的で底無し、受身的で暗く湿り、また、雲、霞、谷、冬、夜の零時などによって象徴される極――は陰と呼ばれる。もうひとつが――男性的で活性的、積極的で明るく乾燥した、また、山の峰、星座、夏、正午などによって象徴される極――陽である。森羅万象がかならず陰気、陽気のどちらか。正午の激しい陽の熱気をもって転換点にいたり、以後、陰が陽に対して相対的にかさを増し、頂点に達するところが、夜零時というもうひとつの転換点である。動と静、硬と軟――その他すべての対のもの――は陰陽の間で循環する。

すべての陰気、陽気の流れの下には、不活性的で常住不変の、霊的エネルギーの場《フィールド》が存在する。それが〈道《タオ》〉である。全宇宙が生成するのは、空虚で無音、深遠きわまりなく、やわらかにして深くこもり、とらえどころがなく目にも見えず音も聞こえず、暗く不分明なこの場からである。〈道〉はあらゆる事物の慎ましい母でありおだやかな調停者である。宇宙という暗い真空が澄み渡った明るい星雲を生むように、子宮の空所が胎息つまり胎児を産み、このコップ状のものが有用でない場所でまさしく有用なものになる。宇宙の全体がこの深く秘められた空虚なる充実から織り成されている。

老子は道家の教祖であり哲学者にして詩人であったが、その彼が〈道〉より柔《じゅう》なるものはなし、〈道〉は水のごときものなり、と言っている。水ほど従順なものはなく、流体であるからして、強なるもの、剛なるものにこれほど勝つものはない。命あるものは本質的に柔にして軟であって、剛強は死に近づくのみである。〈道〉が多くのいわゆる女性的、母性的性質をもっていることは老子の記述から明らかである。彼は母系制の文明に戻ることを望んでいた。その文明はもろもろの女性的性質を具現するだろうと考えたからである。彼が書いたとされる『道徳経』（『老子』）は、女性的なもの、穏やかなもの、優しいもの、柔軟なもの、慎ましいものが優越すべきであることを正面きって提唱したきわめてわずかな——しかも、まちがいなく最初期の——書物のうちの一本である。大いなる力は弱いものであるように見えるだけである、と老子は言う。絵画からゲリラ戦、性行為まで、中国文化のことごとくは女性的なものを尊ぶところに根ざしている。陰にして女性的であるもののほうが〈道〉に近く、見た目に男性的である力よりもまさっているからである。女性的なもののほうが柔軟であるから、より繊細で、広範で、強力な精気《エネルギー》の場に関与するのは女性的なものの方なのだ。

中国史における、陰という名前が適切である初期の母系制の時代にあっては、女性は特別な魔術的能力をもっていると考えられていた。女性は子供を産むだけでなく、大地＝子宮がそうであるように、膨大な量の生命力を女性は宿していると考えられていたのである。だからこそ、中国の賢者たちはしばしば洞窟に隠遁して瞑想にふけり、狐、亀、熊などの地中にすむ動物は大量の〈気〉という生命力を蓄えていると考えたのだ。女性は大量の〈気〉を蓄えているから、〈徳《テエ》〉も強く、だから男たちは女性の神秘なる精気をうらやむことになる。古代中国の男たちは、いうならば現在の男たちがステレオ装置を吟味するようなやり方で、ひとりの女性を値ぶみした。大切なのは装置のつまみ類ではなく、電気回路であり、物理特性ではなく、微妙な活性的パワーであるというわけであった。

中国古代の卜占書『易経』では、連続する六十四卦《け》を用いて宇宙における陰陽の変化の可能性をすべて表している。男女の性交渉の精気の型を表す卦は六十三番目のそれであって、〈既済〉（完成）を意味している。

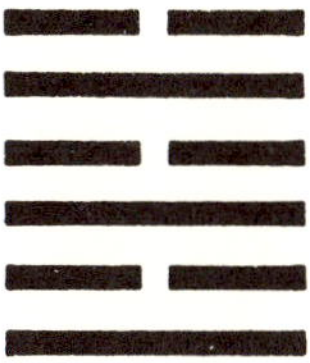

上の三行は〈坎《かん》〉という卦をつくり、「水」、「雲」、「女」を表す。下の三行は〈離〉という卦であり、「火」、「光」、「男」の意味である。全体としてのこの卦は、（割れている）陰の符号と（割れていない）陽のそれとが交互に重なっていることで、完璧な調和を視覚上で表している。陰陽という言葉もそうなのだが、陰の女性が陽の男性の上にあって、常に陰が先行するのである。下にある火、つまり男性の精気型は風のわずかなゆらめきで燃えあがるが、また水で簡単に消されもする。水という女性の精気型は沸くのに時間がかかるが、なかなかさめにくいものでもある。この六十三番目の卦には、やかんが火の上で沸騰しているという印象がぴたりだ。そこにある火と水という要素は性質が逆だか

ら、随分と注意しなければならない。でないと、やかんが沸騰してこぼれて火を消してしまう。だから、女が上にいて、男よりは楽に自分の快楽を味わい、下の男は女より楽に自分の快楽を引き延ばすことになる。

性的合一の精気型のもうひとつの象徴が、「雲雨」という表現に見られる。紀元前三世紀の詩人、宋玉がこの用語の出所〔「高唐賦」、『文選』巻十九〕を語っている。それによれば、ある帝が高唐という土地に遠出をした。着くと、彼は疲れを覚えてぐっすり寝こんでしまう。夢に現れた美女が、私は巫《ふ》山の妖精ですと言う。私がここにやってきたのは、あなたの枕席に侍るためです、と言う。二人は交わる。二人の陰陽が合一し終わったあと、彼女は「私は巫山の南のふもとにすんでおります。夜明け、私は朝の雲になり、夜には雨となって降りそそぎます。朝な夕な、私は〈陰〉の台の下を歩くのでございます」と言って姿を消した。

この話では、雲は陰門からの分泌液を、雨は精液を表している。雲雨でも、陰陽と同じで、女が男に先行している。それに、雲がなければ雨は降らないのだから、雲雨という語はオルガスムのプロセスを意味している。雲がそうであるように、女の分泌液は膨大な量の〈気〉を蓄えているとされていた。だから、中国の多くの山水画に、賢人たちが高山の峰に漂う靄のなかをさまよっているのは、自分たちの精気を強めるためであって、そうした絵画は、男が恋人の愛液を吸うという暗示をもっている「トンボが水を吸う」、「蝶が牡丹を吸う」といった、イメージとして性的である言葉とさほどの違いはないのである。

道教の最も古いいくつかの性の指南書は漢の時代（紀元前二〇六―紀元後二二〇年）に書かれ、純潔を重んじる儒教と禁欲的な仏教はそうした本を喜ばなかったのだが、道教は断固として中国の寝室に固執した。儒教と仏教が果たせなかったことを、しかし共産党は成功させたのではあるまいか。というのも、共産党員の若い花嫁は初夜に、房中術を講釈している本ではなく、避妊を勧めている本を花婿に手渡すことが多いだろうから。このあと考えてみることにするいくつかの性の指南書には中国古代の雲と雨が典型的な形で出てくる。格言を借りれば、以来、水、長江に滔々と流れてきた。

性の鍛練そのものは日常の必要と聖なる知恵との混交である。漢の時代には、母系制社会はなくなり、中国の家族は一夫多妻になっていた。それ以前の性の指南は、快楽をできるだけ引き延ばし、かならず女性のほうを先に満足させることのみに汲々としてきたと思われる。その方法によれば、男女それぞれの分泌物が入り交じり、陰陽の調和が成し遂げられることになる。しかし、一夫一婦制が一夫多妻制に道を譲るとともに、富裕階級の男のほとんどは数多くの女中や妾を求めただけでなく、妻をも複数を求めた。その場合、男が家族にいる女性のすべての性的欲求を、因習的な方法で満足させようとするなら、彼はたちまち疲労困憊して倒れてしまうだろう。他方、女性たちを満足させられなければ、家族に調和がなくなり、これまた由々しき結果を招くしかない。というのも、古代中国において性が生活の重要な一部と考えられていただけでなく、陰陽の混交こそが基本原理であって、全宇宙と人間存在のすべての領野がその原理の上にのっかって、調和ある動きを求めていると考えられていたからだ。『易経』によれば、万物は男女の性の合一によって生じる。季節の循環、昼夜の交替、仕事を順調にこなしたり政治の責任をまっとうする能力、要するに万象が陰陽の適切な混交から生まれるのである。男の家族に喧嘩いさかいが絶えないなら、彼が信用されないだけのことである。つまり、男が寝床の陰陽すらを調和させられないなら、家の外のさまざまな事柄にうまく対処してゆけるはずがない、とされていたのだ。不和の家族がたくさんあった、性に疲弊した夫たちがたくさんいたということから、道家の知恵に救いを求める動きになったということはだれしも納得するのではないか。というのは、房中の指南書がまず述べるのが性的疲弊、生命エネルギーの枯渇という問題であるからだ。女性は〈気〉のほとんど無尽蔵の源泉であるから、一夫多妻の賢い夫は無頓着に自分の精気を消費するのでなく、あふれ出んとするエネルギーでもって身を充実させることができなければならなかった。正しい方法。それこそ彼が求めたものであった。

性能力の蓄積

挿入と性的行為とが、女性の陰と男性の陽を刺激し増大させるための強力な手段である。そう道家は説いた。しかし射精してしまえば、蓄積されたこの精気は精液として流れ出てしまい、セックスの相手に吸収されるだけのこと。だから、男性が射精を抑えながら恋人の陰の分泌液を吸収できるなら、彼女の精気をいただいて自分の精気を強めることができる。老子はそれとなく陰門を「谷」と言いながら、こう述べている。

谷神《こく》は死せず。これを玄牝《げんぴん》という。玄牝の門、これを天地の根《こん》という。綿綿として存するがごとく、これを用うれども勤《つ》きず。〔『老子』第六章〕

同様に、女性が相手の精液を吸収できるなら、彼女は自分の精気を高めることができる。セックスは一種の闘いとされていたのだ。女性は精気を蓄積することにさほど関心はもたなかったと考えていいだろう。もともと蓄積している量が多かったのだし、一夫多妻の家族にあって、女性の蓄積がまったく消費されてしまう機会はまずなかったであろうからだ。夫が道家の房中術に熟達しているならば、妻は完全なる満足をほしいだけ期待できた。

たとえ、妻が夫にできるだけ多くのオルガスム、できるだけたくさんの生命の水を与えたいと願うのであるにしても、しかしやっぱりセックスは闘いであることに変わりはなかった。どうあっても結局、男の性エネルギー型は熱しやすくさめやすいのに対して、水を成分とする女性のエネルギーはゆっくりと沸点に向かい、またゆっくりとさめていく。この二つのエネルギー型がいっしょになるときは絶対の注意が肝要である。雲（膣分泌物）が半分しかかからないのに雨（精液）が降るなら、女性はオルガスムを感じない。だから、男性にとっての闘いとは、女性を相手にするのと同じほど、自分の相対的に不安定である性の本質を相手にする闘いである。こうして道家の房中術は男性に対して、自分の性の本質を手中にし、セックスという闘いにおいて相手に勝利することによって、〈気《チー》〉という精気（エネルギー）を蓄積する方法をてほどきしている。すでに述べたことだが、〈気〉とは宇宙の基本的なエネルギー、生命力そのものであり、陰陽の間を流れているものである。〈気〉が弱まると老化が早まり病気にかかりやすくなる。〈気〉を活性化させ蓄え循環させることが、幸せで活力に富んだ生活のために必須である。実際、古代中国の芸術と学問はことごとく、このエネルギーの調和ある盛衰に関心を寄せている。たとえば、はりと指圧は〈気〉の流れを調整するための治療である。身体の表面の、〈気〉が通る点を刺激するわけだ。〈気〉の最大の源泉は大気と性の流体のなかにある。胎息という呼吸法を実践し、性の流体を持続させる。それが〈気〉を蓄えるための大切な方法である。だから、射精を抑えることが道教徒の大切な技術になる。射精を抑えれば、疲労、耳鳴り、まぶたが重くなって眠くなる、喉が渇く、手足がだるくなるといった好ましからぬ体調を招くことがないからだ。古代の指南書は、射精をすると、歓喜が一瞬のまに過ぎてしまい、以後、何時間も倦怠感が残ると述べている。反対に、精液を漏らさずにおけば、精気は強められ、心身は安楽になり、目と耳がさとくなる。熱気を静めることで、心で歓びを感じることができる。相手の女性をいっそう愛することができるというものだ。

では、射精はどの程度ならしてもいいのか？　黄帝の女性の性指南番のひとり〔素女〕は、許される射精の頻度は年齢、精気、季節で決まるのだと黄帝に教えている。二十歳の男性は四日に一度まで、三十歳なら八日、四十歳は十六日、五十歳は二十一日に一度まで射精してよろしい。六十歳の男性は、まだ精気が非常に強いのなら別だが、普通はまったく射精すべきではない。春には三日に一度射精していい者も、夏と秋は月に二度のみ。冬はまったく射精してはならない。冬において一回の射精によって失われる〈気〉の量は、春におけるそれの百倍に達するからである。

だから、道教の性の達人とは、機会あれば見境なく精液を垂れ流している筋骨たくましい若い遊び人ではない。いくたびもセックスのお手合わせを現に楽しみながら精液を漏らさない。そんな精気に富んだ老齢の賢人こそが達人なのだ。そしてこの達人は、松の老木として象徴されることがしばしばである。雪景色のなかに緑色あざやかに立っている、こぶをつけてねじれている老木だ。不老不死となったこの達人は、渦巻く雲に乗り、胎息という呼吸をし、雨露を口にして生きる。

古来の教えによれば、ひとたび精を漏らさずに交われば、力を蓄えることになる。再度接して漏らさずば、耳と目がさとくなる。三回目には病のことごとくが消える。四回で五臓がよく働き、五回で血行が良くなり、六回で腰が強くなり、七回で尻と股が力強くなり、八回で全身がつやつやし、九回で長寿が得られ、十回で天界の不死の神々と言葉を交わすことができる。中国の文献にあたると、頭髪あくまで白く、若い童貞のような肌つや、馬のような活力をもち、房中術によって不老となった老齢の賢人の話がたくさん出てくる。

そうした境地に達すべく、古代中国の男たちは性行為をしつつ精液を漏らさないさまざまな方法を学んだ。そうした方法にずばり「鹿」と呼ばれるものがある。鹿は〈気〉を豊富に宿している不思議な動物だとされていたからである。伝説のうえでの道教の開祖である老子は、鹿に乗っている姿でよく絵に登場する。鹿の精気は非常に旺盛であるので、その精が枝角になって頭に突き出してくるのだと考えられていた。だから、枝角は蓄えられた〈気〉が凝固、成長したものにほかならないとされていた。鹿の角は、西洋、東洋双方において、霊的表象とともに現れる金色の光輪と王冠に相当するものである。仏像の頭のまわりにある光輪もまた、霊化された性的エネルギーの膨大な蓄えを象徴したものだ。これらは日常の性の能力が頭のてっぺんに昇ったことを示している。鹿の場合は、それが頭から突き出すまで昇ったのであり、それほどの鹿は聖なる存在になるべくしてなった。

多くの遊牧民族、狩猟民族において、まじない師とかシャーマンは動物の角がついた頭飾りをかぶっている。トナカイの枝角、鹿の角はおおむね共通している。そうした頭飾りはシャーマンの儀礼服になくてはならないものとされている。シャーマンとしての能力の大部分はその角に含まれていると考えられているからだ。ソ連においてしばしば当局の要請を受けて行われるのだが、シャーマンとしての能力の誇示が見世物としてだけ行われる場合はかならず、シャーマンは頭飾りをかぶらないで儀式を執り行う。それは、その儀式から実際の儀礼的能力を取り去るためである。古代中国の医術において、鹿の角を粉末にしたものが、愛の媚薬の材料に使われたのはそういう理由があったからだ。まさに媚薬にふさわしい素材だとされたわけだ。

さて、鹿はこれほどの力をどうして獲得するのであろうか？　まず考えられるのは、鹿の寝姿である。体を丸めて鼻をしっぽにくっつけているから、その円形に途切れがなく、そこを鹿のエネルギーが循環する。〈気〉がこのように循環することが、性の修行を含む中国文化の重要な要素であった。しかし、今ここでもっと興味深いのは鹿の活力であり、具体的には絶えずしっぽを「ひょいひょいと動かす」習性である。この動きは鹿の性エネルギーを刺激するはずであり、エネルギーをまず脊髄に送り、ひいては頭、角まで送ることになる。道家の人々が実践したように、鹿のこの動作は性エネルギーを刺激し、それが習性のようになれば、精液が流れる管を閉鎖して射精を抑えることになる。さらに、その動作は、本来ならオルガスムという、生殖器の収縮運動のほうに向かう神経インパルスを脊髄の方向に向ける。この動作を行うことで、人は自分の神経系を「張り替える」。性の伝導が生殖器に短絡するのでなく、全身でエネルギー交換をするような高度な地点に昇るチャンスを得る。そんな形で張り替えるのだ。だからといって、この訓練をする人がオルガスムを味わうことができないということではなく、オルガスムへの欲求が弱められるということなのだ。

鹿のこの動作は女性も行うことができる。膣口周辺の恥骨尾骨（ＰＣ）筋を刺激して行うのである。アメリカの性科学者アルフレッド・ケーゲル博士は、鹿のこの動作を考察して、ＰＣ筋の緊張状態とヴァギナの性感とに相関があることに気づいた。博士は、咳やくしゃみをしたりオルガスムのときに尿失禁してしまう女性にこの筋肉を緊張させる訓練を勧めている。ＰＣ筋の訓練は失禁に効果があるだけでなく、ヴァギナの性感を高め、オルガスムの性感も高めるのだという。ＰＣ筋は女性の尿の流れを止めるだけでなく、オルガスム状態を持続させ、オルガスムの間の波動の正しい収縮を保証するものらしい。

女性がＰＣ筋の場所を特定するのは簡単である。脚を広げて放尿すればいいのだ。放尿を止めるときに引き締める筋肉がＰＣ筋である。放尿を止める訓練を何度かしてみれば、ＰＣ筋がどんな感覚の部分か知れるはず。そこで、体を楽にして仰向きに寝て、指をヴァギナに挿入し、ＰＣ筋を縮めてみる。筋肉で指を締める感覚になってみる。このときはそれほど強くは締められないだろうが、少なくても六週間この鹿運動を続ければ、この筋肉はかなり強くなるはずだ。男性でも、放尿を止めるのに使う筋肉の場所を承知しておくべきである。そこをよく知ったら、放尿していないときにそこを締めるように努めるといい。その筋肉を締めているとき、ペニスと陰嚢が体の中のほうに引き上げられる感じがするはずである。

鹿運動をしている際、男女とも肛門括約筋も締めるべきである。排便を我慢するときの要領だ。この訓練は、ゆっくり速くの二つのテンポでするといい。ゆっくりの場合、椅子に腰掛けて体を楽にする。鼻からゆっくり自然に息を吸い始める。吸入の最高点に近づくところで、ゆっくりと、だがしっかりと尿を止める筋肉と肛門括約筋を締める。一、二秒息を止めて、次に吐きだしながら二つの筋肉を緩める。息止めを徐々に三秒以上にしてゆくにつれて、筋肉も強くなってゆくが、筋肉の引き締めにせよ息止めにせよ過度にやってはいけない。一度につき十回連続して締めと緩めるを行うが、それを一日に三度行う。

鹿運動の全体を速くバタバタとやるのは、ゆっくりやるのと大差ないのだが、ただし、締めと緩めるをできるだけ速くやるのは別で、これは効果がちがう。この速くやる訓練も一日に三度行う。座った状態で、ゆっくりと速くの両方のやり方をひとたび習得してしまえば、立とうが寝ようがどんな状態でも、またいつでもどんな場所でも実行できる。朝晩の寝床に寝たまま、ギュウギュウづめの電車に乗っているとき、机を前にしているとき、電話をかけているとき、トランプをしているとき、といつでもできる。六週間もしたら、一日三度は同じでも、一度における連続の回数を徐々に増やしてよろしい。

当初は、訓練している間、少しばかり「むらむら」とする感覚があるかもしれない。それは、性交しているとき刺激を受けるのと同じ部分を締めたり緩めたりしているからだ。だがしばらくすると、訓練をしている間に感じる軽いその性的興奮はなくなり、代わって精気が脊髄に伝わり、暖かいものが全身に広がるといったのびやかな感覚が生まれてくるだろう。神経インパルスを張り替える効果があるわけだから、訓練を始めて一カ月程度セックスを控えると、訓練の効果は最高になるであろう。訓練の際、緊張しないことが重要である。ほかの筋肉にしてもそうなのだが、PC筋と肛門括約筋は楽な状態にして、規則正しくもおだやかに訓練をするのだけは守らなければならない。いちど習得してしまえば、性交している際でも、男性ならこの訓練はできる。ただし、オルガスムの瞬間はさすがに無理であろうが。その場合、呼吸を平静に保ち、性的興奮の状態を自覚し、その興奮が大きくなりすぎないうちに鹿の収縮を行うのがよろしい。性交の際のこの訓練を重ねることによって、自分の生体電子的インパルスを配置変えし、結果として女性に望むままのヴァギナ刺激を与えることができる。この際、女性も鹿運動を行っていてヴァギナの感度を高めておくのが好ましい。真剣にこの訓練に取り組むなら、性器の血行を改善し、それを健康にし、ホルモン分泌が促されることから、全身が生きいきと健康な輝きに包まれることになる。といっても、これで不老が保証されるわけではない。

道家が教える射精抑止のもうひとつの方法。効果のほどはやや少ないそれは、射精しそうになったら、すばやく左手の中指と薬指とを陰嚢と肛門の間、いわゆる「蟻の戸渡り」の部分に強く押し当て、同時に深く息を吸い、歯を強く嚙みあわせるものである。そうすれば、興奮しても精液の漏れることなく、精液はペニスに逆流し脊髄に昇り脳髄に還流することになる。このプロセスの生理学について見てみよう。

唐の時代（六一八―九〇七年）のある道家の文献〔道教徒の医師、孫思貌《そんしばく》著『千金要方』〕によれば、射精しそうに感じたら、口を閉じ、眼を大きく開け、静かに息を吸い、呼吸を止める。次に、両手を強く上下させながら息を吸い、左手の人差指と中指で右乳の約二センチ上にある屏翳《ピンイー》というツボを押す。その際、歯を食いしばる。口を閉じ、眼を開けることで注意が促され、〈気〉が脳髄に伝わる。息をおだやかにすることで心が休まり、射精欲求がおさまる。再度手を動かせば、それで〈気〉が体のその他の部分にも伝わる。ツボを押すのは、〈気〉を、オルガスムの収縮を引き起こす回路以外の回路に伝えるためである。歯を食いしばることで、〈気〉をあごに送るのだが、そこで〈気〉は体で最も強い筋肉を収縮させる運動に加担させられる。こうして、生殖器のまわりに集中しようとする〈気〉を体内のあちこちに拡散させ還流させる生理学的技法はまこといろいろとあるのである。

とはいえ、それらの技法のすべてが生理学的であるわけではなく、多くのスポーツに見られるのに似て、道家は精神的心象、精神的姿勢も用いた。同じく唐代のある文献〔『医心方』〕では、セックスの相手を路傍の石ころのごとく卑しい存在だと考え、一方、自分は黄金、宝石であると念じることによって、精液の動きは抑えられるといわれている。ただし、精液が動きだしたら、いっさいの動きを止めなければならない。性交している女性を、あたかも疾駆する馬のように扱い、擦り切れるほど手綱を使い、同時に、林立している剣が下に待ちうけている深い崖っぷちに自分が立っているかのように用心していなければならない。

明の時代の中頃になると、屈強で発育がよくぽっちゃりした、胸大きく腹部も丸々とし、太股もがっしりした女性が庶民文化における理想的な女性になる。ほかの時代であれば、理想的に美しい女性とは、細身でなよなよとし、病的なほど長い痩せた手、小さい胸と尻をもった女性であったのだが。しかし、道教徒たちは庶民の考える女性の魅力については顧慮することなく、自分たちなりの基準を押し通した。彼らは、愛人たちの陰の〈気〉を招き寄せて自身の陽の〈気〉を増大させることによって生命力を高めようとしたところから、陰を最も豊かにもっている活力ある若い処女を求めた。〈気〉を増大させる際の若い処女の力のいくばくかは、古代中国で翡翠を採取する場合に採られたとされる方法で集めることができる。翡翠は宇宙において最も豊富に陽を含んでいる。天界の竜の精子が翡翠であると信じられてもいた。最も好ましいとされる翡翠は緑ではなく白色のものだ。建前として、翡翠はすべて皇帝のものであるとされ、春ともなれば王室づきの翡翠採取人たちが翡翠を求めて外に出たものであった。翡翠は地面深くの鉱脈にあるから、採取人たちは自分で掘るのではなく、春の激しい奔流が掘り返してくれるのを待った。で、若い処女たちを何人も川に入らせる。そうすれば、天界の竜の精液である翡翠が、処女たちとの合体を求めて彼女たちの足元に寄ってくると考えられていた。処女たちが天界の竜の精子を引き寄せて溜め込むほどの強い力をもっているならば、彼女たちがひとりの道教徒の達人の陽を増大させることはいともたやすい。だが、その精子を保持させておくためには、細心の注意で彼女たちを扱わねばならない。達人のなかには、精液の流れを止めるために挿入の際、ペニスのつけねに翡翠のリングをつけた者までいた。

道教徒たちは、処女と寝ることで、自分自身が処女の色つやを帯びると考えた。十四から十九歳までの処女が最高だとされていた。三十歳を過ぎた女性相手に雲雨を実践してはならぬ、ともされた。子供を生んだことのある女性と交わるのは避けるべしとも道教徒は言う。理想の寝床の相手は、まだ胸が育ちきらない若さの女性だ。初々しい絹の肌触りの髪をもち、漆のように輝く小さな目、黒目と白目がはっきりしている目をもった女性が理想とされた。顔も全身も健康美に輝き、声は楽の音のよう。手足の関節は目立たず、ふんわりと脂肪に包まれている。陰毛はないのがいいが、あるならつやつやときれいなのがよい。最も肝要なのは、膣のうるおいがたっぷりしていることだ。交合のとき、汗をたっぷりかくほど熱情に我を忘れる女性がよろしい。

みだれ髪、あばた顔、喉ぼとけ、だみ声、大きな口、血がにじんだようにどんよりした目、口やあごのまわりの毛、いかつい骨格、剛毛の陰毛、そんな女性は避けるべきである。嫉妬深い女、陰部が冷たい女、腋の下が臭う女も避けるべきだ。

道教徒の性の習練の目的は、女性からできるだけたくさんの生命力を引き出して不老長生を獲得することであるから、ただひとりの女性としか交合しないのは好ましくないとされていた。ひとりの女性は、しばらくすればその〈気〉を枯らしてしまうからだ。三人、九人、十一人、それ以上の若い処女を交合相手にもつのがよく、そのためのお相手をつとめてくれる娼婦もいた。黄帝は千二百人の女性と交わって天に昇ったが、ほかの皇帝も、その力に磨きをかけるためにかならずたくさんの女性を侍らしておくべきものとされた。皇帝を平均すると、ひとりの皇后、三人の正妻、第二ランクの妻九人、第三ランクの妻二十七人、愛妾八十一人がいた。奇数は男性である陽だから、奇数の数だけいる女性は皇帝の権能をいっそう強めてくれると考えられたわけである。

道教徒たちは理想《ロマンティック・ラブ》愛に関心をもたなかったと考えていいだろう。彼らにとって、女性は生体療法的な力を備えた敵であった。女性と体を交えることは戦闘に入ることであった。敵を負かす唯一の手立ては、自分を完璧にコントロールし、精液を漏らさず、女性をオルガスムに導き、その陰の精髄を吸い取ることだった。

道教徒たちは平和を好んだ。だが歴史のいくつかの時期には、彼らは、自分たちが殺されて女たちが強姦されるか、雄々しく闘うかの岐路に立たされた。性にしろ戦略にしろ、戦闘において彼らは常に明敏であった。紀元前五世紀以来、中国で用いられた道家の戦略は近代でいうゲリラ戦を基本にしている。毛沢東が用いたことで知られ、ソ連軍やKGBの動きを見抜くのに必要なのがこのゲリラ戦だ。欧米が日本のビジネス戦略に注目しているが、日本はビジネス取引に用いるべく道家の戦略を研究してきた。しかし、欧米ではセックスするみたいに戦争をしている感じである。孫子の古典『孫子』の良質な英語訳がようやく出されたのは一九六三年であった。

道家の戦略は性の技法に非常によく似ている。その戦略は老子の「強を知り柔を守る」の原則に立っている。だから、自分の力を惜しんで敵の力を利用すべき、となる。また、先に譲るとみせて、敵の油断に乗じてうつべし。この策は、川を徒渉するとか渦巻く海を乗り越える場合、流れに逆らうのでなく、流れに乗って進む知恵にあたる。道家の重要な書物である『荘子』に、この策を窺わせる話がある。孔子が呂梁《ろりょう》で美しい景色を眺めていたものらしい。

そこには高さ三十仞《じん》もある滝があり、水しぶきをあげるその流れは四十里に及び、その流れの速さは魚など川に住む動物にしてもおよそ泳げぬほどであった。ところが彼（孔子）はその激流を男がひとり泳ぐのを見た。これはさぞかし男に屈託があって、死のうとしているものと思い、弟子たちに、岸に並んで救うよう命じた。ところが、男は数百歩ほど下流のところで岸にあがり、ざんばら髪のまま、鼻歌まじりで土手の下をぶらついている。孔子は男を追ってたずねた。「わしはあんたを鬼ではないかと思ったよ。だがやはり人間だね。たずねたいのじゃが、水を渡るにはなにか特別な手立てでもあろうかの」。

「いいえ、べつに手立てとてありません。ただ、あたりまえのことで始め、性に合ったままにやり、定めに従ったままでのことです。渦まきのままに私は沈み、わきあがる水のままに浮かび、水の性質にそくして身をゆだね、自分ということを意識しないのです。これが水を渡る手立てといえば手立てです」(7)。〔第十九の十〕

古来よく知られたこの一節からは、直線的動きと有機的動きとの違いがわかる。生活におびただしい数の規則、規定を設けようとする儒教の道徳家がとるのが直線的思考・行動である。彼は万人が論語にのっとって行動を律することを望む。直線的思考をする者は争いや諍いの結末を、自分が発揮できる暴力の量を見積もることによって予測する。その量が腕の筋肉のそれであるか、爆弾何メガトンかであるかの違いがあるだけのことだ。

もっと複雑な形をとるのが有機的思考・動きである。流れる水の統一のない動き、うねる山並み、ねじけた樹木、渦まき、内や外に絡み合い、吹き分け、ひっくり返り、消失する霧の動きがこの動きに似ている。引いたり、押し出したりの動きである。老子の言うように、「天下に水より柔弱なるはなし。しかも堅強なる者を攻めるに、これに能く勝つことなし」。

有機的動きは柔道、合気道の名人のそれである。ひ弱そうに見える八十歳代であろうが、彼はそこに群がる若く筋骨たくましい相手たちをなぎ倒すことができる。相手の力を逆手にとって倒すのだ。卓越した名人ともなれば、相手に触らずに投げ飛ばすことができる。道家の戦闘術では、劣勢の力であっても柔軟な「女々しい」手段をとれば、優勢な力を倒すことができると認められている。最も柔弱なものが最も堅強なものを圧倒できるのだ。だから、道教徒であれば、落ち着き、控えめ、撤退を重んじ、撃たれれば身を引き、敵のまわりを迂回し、脇に入り、方向を転じて逸れることを大切にする。老子は、一寸も進もうとせず、むしろ一尺でも退くほうがよいと言っている〔六十九章〕。敵と遭遇しないようにうろついているようだが、実際には進路を変更して横道に逸れることで敵の陣形を混乱させ、そよとの風で敵が倒れてしまう。それが道家の思惑であったらしい。

直線的思考をする人が真っ昼まに、旗ふりかざし大砲を打ち鳴らして敵陣に突撃するのに対して、道教徒は漆黒の闇のなかを潮のようにさわさわと歩きまわる。道教徒は、周囲に存在している力、たとえば農民の不安を利用して、場合によれば鉄砲を撃たずに敵を負かそうとする。同じ意味で、道教徒にあらざるたくましい男性は、セックスにおいて、性交とオルガスムを男らしさの証拠と考えるのだが、道教徒は性交時にときおり間合いをとることで、敵たる女性を手玉にとって狂喜させ、もって「闘い」に勝利をおさめる。

古代の道教徒の将軍、張良の挿話から、道家の原則がどう実際の戦闘状況において実行されるかがわかる。張良の軍隊が敵に包囲される。しかし、敵方の兵士のことごとくがはるか南にある楚の国の出身者であることを張良は知っている。彼らが十年ほども故郷に帰っていないことも知っている。そこで張良はなにをやったか？ 自軍の強者を集めて前面から全力の奇襲作戦を敢行したか？ 実はさにあらず。敵軍の最も柔弱にしておだやかな心情を翻弄する心理作戦に出たのだ。張良は自軍の笛に秀でた者たちを選び、敵陣を見下ろす丘に昇らせ、楚の国の歌を奏でさせたのである。懐かしい調べを聞いた敵軍の兵士たちは、望郷の念いやがうえにも募り、みなが軍を捨てたのであった。(六) 張良は敵軍をその潜在的情緒の場から見たわけだ。彼はその場をざわめかせることによって、まさに大波の上のたくさんの漂流物のように、敵軍が散りぢりになって故郷に走るのを見とどけたわけだ。ここでも、最も柔弱なるものが最も堅固なるものを倒したことになる。

道教徒の呂洞賓《りょどうひん》が書いたとされる文章〔『既済真経』〕に、男性による性の技巧にふれたものがあるのだが、これはうっかりするとゲリラ戦術についての小冊子であるかと錯覚してしまうような内容になっている。それによると、戦術に長けた将軍は初めから進攻することはなく、まず敵を引き寄せ、敵の力を吸い取ることに集中する。彼はなにげない風をよそおい、手足をひっこめる亀をまねて、気持ちを青空のように空っぽにする。自分は決してあせらず、敵には闘いにおいて力のありったけを費消させ、疲労の果てに屈服させる。さすれば、水分をたっぷり含んだ、勝利の果実が彼のものになるだろう。彼は意気揚々と戦場を引きあげることになる。これは軍事行動を語っているより、むしろ性の闘いを語っている。文章からそのことが明らかだ。「敵の力を吸い取る」というのは、〈気〉をたっぷり含んでいるとされる若い処女の息と唾液を吸うのに相当する。亀のように「手足をひっこめる」というのは、ペニスを引き抜いて体内に精液を溜めておくことにあたる。戦術に長けた将軍のように、性の技巧家たちは敵を引き寄せながら平静を保ち、敵である女性に、オルガスムを感じさせてその生命力のありったけを「戦闘」のなかに放出させる。「勝利の果実」とは、膣分泌物であって、男性はこれを吸い取るのである。「戦場を引きあげる」のは、男性が仰向けになって、「戦場」で勝ち取った生命力を吸収し、これを身体のすみずみに行き渡らせることに意識集中することにあたる。

こうして、愛の戦闘において、男性がなによりも先に勝たねばならぬ敵は自分自身の激しい性の衝動にほかならない。すでに見たように、さまざまな射精抑止の方法が戦線における彼を助けてきた。しかし、相手になる恋人も、彼が戦闘で相まみえる敵である。この戦線では、道教徒は戦術・戦略で用いられる原理・原則を利用した。とはいえ、房中の戦闘では、男性はかならず敵に対して劣勢であろうと努めてきた。彼女のオルガスムの感度が彼のそれよりどれほど強かろうが関係なしに、そう努めたのだ。それというのも、仮に彼が彼女に千分の一も劣勢であったとしても、彼は敵の弱い部分を攻撃してかならず勝つことができたからだ。

たおやかな笛の調べだけで望郷の念をかきたてて敵を抑えた将軍のように、道家の性の指導者たちは敵について裏の裏まで知りつくし、とくに女性のオルガスムの強さについては知悉していた。そこで、彼らは女性性器の仕組みと性的反応を抜け目なく観察する者になった。その二つこそが敵の弱点であることを彼らは知っていたからだ。巧みに刺激してやれば、女たちは歓喜にむせんで身を投げだし、闘いはこちらの勝ちだと、男たちは思っていたのである。同じく、「ツボ」と言われる、はり治療のポイントは、カンフーその他の武術でも利用されて、敵のその弱い部分を攻めるほうが、力ずくで攻撃するより効果がある。その急所を一撃すれば敵を打ちのめすことだって可能である。武術でも寝床でも、二つの乳頭が一番の攻撃目標である。ただし、寝床での攻撃はずっとしなやかにするのだが。はり治療では、そうした急所にはりを打つことは禁じられている。

ウテルスは「子門」とか「子宮」と呼ばれ、ヴァギナは「穴倉」、「陰門」とか「陰部」と言われた。クリトリスの包皮は「暗い庭」、「神の場所」、外陰部の上部は「金の溝」、クリトリスの亀頭は「穀実」、「種」、「窪地の鼠」と呼ばれていた。しかしながら、敵の生理構造を知ることだけが唯一の出発点であった。それを知ることは、将軍が地勢を心得ていることに相当するのであり、敵の動静――

闘いにおける精気の形と興奮の度合い——についての付加情報もそこに重ねる必要がある。房中術の熟達者といわれるためには、五徴、五欲、十の身振り、女の九気を知らねばならなかった。

五徴の第一は、女の顔の紅潮である。このとき男は女と密着してよろしい。女の乳首が堅くなり鼻がぬれてくれれば、玉茎を挿入するべし。喉が渇いて女が唾を飲み込むようになれば、男は浅く挿入する。陰門が充分に濡れてきたら、深く挿入する。陰門からの分泌液が流れ出すにいたれば、男は玉茎を引き抜いてよろしい。

女の五欲は、女の反応を見る鏡になる。まず、女が結合を望んでいれば、呼吸が乱れる。陰門が結合を望んでいれば、口と鼻孔が開く。女の精気（気《チー》）がかきたてられれば、体が上下に動く。心の奥から満ち足りたいと思えば、陰門からおびただしい分泌液が流れて衣服も濡れる。絶頂に達するとき、体はまっすぐに伸び、目が閉じられる。

房中術に熟達した道教徒は、女の十の身振りも心得ている。第一、女が男をひしと掻きいだくのは、互いの性器を密着させたいからだ。第二、脚を開くのは、クリトリスの刺激を望んでいるから。三に、腹を伸ばす。四、尻を上下させる。第五、脚を上げるのは男に深く挿入してほしいから。六、両股をきつく合わせるのは陰門のなかがムズムズしているから。七、左右に体を揺らすのは、玉茎で膣の側面を突いてほしいから。八、男におおいかぶさるのは、興奮はなはだしいから。九、体を伸ばして絶頂にいたる。十、陰液あふれて、精気が漏れたことがわかる。

九気は次のものであるが、道教徒の性の技巧がかならずしも男本位ひと筋ではないことを示している点でこの九気は重要である。女の精が男のそれと同じほど有益であると信じられている点では男本位でないのだ。第一気は、息を深く吸い唾を飲むことに現れる。これは肺の気である。心臓の気は、女が愛を囁き口づけを始めることで出てくる。両腕で男を抱きしめるのは脾臓の気が喚起されたから。陰門濡れるは腎臓の気が喚起されたから。男の舌を吸い始めれば、骨の気の喚起。筋肉の気の喚起で、足を男の体にからめる。玉茎にさわり始めるのは血の気の現れ。男の乳頭をこするのは肉の気の興奮。長く交合が行われ、男が女の種（クリトリス）を愛撫すれば、九気のすべてが引き出される。かくして、女は精のことごとくを男に放出し、女もその器官と気のすべてが刺激され満たされる。九気のどれかひとつでも喚起されないなら、女は満たされない。

女性の大きなオルガスム能力を開発するために、道教徒たちは、前戯と挿入のための体位を数多く案出した。そして、それらの体位には多彩な名前がついている。いわく、「蟬附《せんぷ》（木にとまる蟬）」、「鴛鴦合《えんおうごう》（交尾するオシドリ）」、「臨壇竹（生い茂る竹）」。こうした比喩のなかには、「花を求める蝶」などの、魅力ある陰門が女性の美しさの重要な要素だということを表現しているものがある。こうした体位の多くは、クリトリスにも簡単に触れられて、しかもGスポットなどの膣内部を刺激するためのものである。Gスポットをタイミングよく刺激すると液体が大量に吹き出すという最近の西洋の報告があるが、その説に照合させると、中国の文献に出てくる体位の多くが、女性の精を陰の流れのごとく流出させるためのものだと言えることになるのがおもしろい。事実、精を流出させるのが、道家における交合の最終目標なのである。その流出があってこそ、女性が満足するはもとより、男女双方の健やかさも保証されるからだ。そこで、男女のなかで特定の病気を治すための、体位の百科事典が存在することにもなる。道教徒は女性には満々たる〈気〉が宿っていると考えていた。豊かな〈気〉は病を追い払うとされたから、治療用の体位は女性の強力な性能力によって放出される計り知れない治癒力を活用するものになっている。それらの体位を取れば、あれこれの仕方で女性の治癒力を集中させることで、さらにその治癒力を強化し、特定の器官や腺を刺激することができる。治療効果あらしめるには多量の精が必要である。たとえば、血行を良くするための治療は一日九回行わないと、女性の精は現れない。女性は十日にわたって一日九回のオルガスムを感じなければならない。むろん男性は射精してはならない。

道家の文献にはたくさんの体位が示されているが、それだけでなく、挿入のリズムと形の微妙さが述べられており、それは、この世における安定した動きと、一方での変化についての中国人の嗜好をはっきりと示すものになっている。挿入の強さ、速度、角度に変化をもたせることで単調さを避ける。たとえば、野生馬が森のなかを疾駆するように、男性が激しく動く。雀がえさをついばむように、浅く深く交互に突く。大石が海に沈むように、深くずんと挿入する。釣針にかかった大きな鯉がゆっくり大きくうねるように、角度を左右に大きく変える。いろいろあるが、しかしどの場合にしろ、数霊術のような安定したリズムが先にあってこその微妙な動きなのである。奇数が陽で偶数が陰であるから、女性を興奮させる最善の方法は陽の数字がらみの攻撃になる。九回浅く一回深くの突きが最も普通の形である。この形が九回の性交においてくり返され、つまり九の九倍回の突きがなされて終わる。

三回浅く一回深く、五回と一回、七回と一回のリズムもあるわけだ。こうしたリズムは、深い突きの前にじらしの間《ま》がおかれることになって、女性にとっては快美のリズムとなる。数をかぞえていれば、男性は気がそちらに向いて、射精せずにすむ。こうして、精気としての「敵軍」が千々に乱れているなかで、男性の精気の「自軍」は安泰という次第。

読者諸氏にはもうおわかりのことであろう。道家は女性原理に奉仕しているようでありながら、これまで見てきた性の考え方は法外なほど男性主導であり男性本位である。こうした実践の後ろにあるねらいや作戦には、女性に作戦を気づかれないようにすべしという忠告がつく。女性にオルガスムを感じさせるのは、そうすることで男性ができるだけたくさんの陰の液体をもらい、それを生命力に変え、ひいては神《シン》に変えるためにほかならない。ところで、実際としては膣から出る体液だけが貴重なのではない。古代の性の指南書に由来する「三峰の薬」として知られる一節が、性愛を表現する初期中国の散文、詩にしばしば引用されている。この一節は若い女性をまさしく水圧装置そのものと見ており、彼女の賢い恋人は、彼女の水をもらって自分の活力にする方法を教わる。思い出していただきたいのだが、山の峰にある雲と川には〈気〉が蓄えられていると信じられていたのであった。女体を表す三峰はむろん美しい風景を表現しているのだが、同時にそれ自体が〈気〉の貯蔵場所である。上の峰は「赤い蓮の峰」と呼ばれ、この薬は女性の口内でつくられる。その名を「玉泉」といい、舌の下にある二つの穴から出てくる。男がこれを飲み込めば精気を高めることができる。真ん中の峰は「二つの蓮の峰」という名の乳房である。ここから出る薬は「白雪」あるいは「桃の液」と呼ばれ、これは交合している間に女性の乳房のなかでつくられる。(子を産んだことがないか、子に授乳させたことがない女性の場合、この薬は男にとって最も有益である。) この液体を飲めば、男は健康になり、結果として女の血行が随分と良くなる。三峰のうちではこれにまず気を配るべきだが、というのは、この峰が他の二つの峰からの分泌を促すからだ。漢の大臣張蒼は、女性の乳房から出る「白雪」を飲んで百八十歳まで生きたといわれる。下の峰は「紫の茸」、「白い虎の洞窟」あるいは「神秘の門」と呼ばれ、すなわち陰門である。そこからの分泌物は「月の花」と呼ばれ、交合している際に陰門から流れ出る。このとき、女性の顔は紅潮し、震え声が出る。この精を吸引するべく、男は親指の深さまで玉茎を抜く。さすれば、玉茎の表皮からその分泌物を吸い上げることができる。

　中国美術では、桃はとくに陰門の象徴であった。で、概して西洋の桃より中国のは大きい。中国の桃の縦のくぼみは大きく深く、甘い果汁がたっぷり含まれている。いい女はいい桃にみたてられた。素直な性質で、ぽっちゃりし、とくに、つゆがたっぷりのところが良しとされたわけだ。長寿をまっとうした道教の賢人、寿老人《じゅろうじん》(七)はにこにこ微笑している老人の姿でよく描かれている。鹿のように、彼は性能力を霊的能力に変え、それを自分の性器から頭に伝導させた。だが、鹿のように枝角をはやすことはなく、頭が大きなスイカほどに膨み、丸々とした桃を手に持っている姿で描かれることが多い。その桃の縦の溝を、彼は茶目っぽく、また意味ありげに指でさすっている。

　これは、西洋における理想愛《ロマンティック•ラブ》とはまるで違うものだ。男性は性の相手にどういう感情もいだいてはならないと忠告された。さもないと、精液を放出してしまい、不老不死への歩みが阻まれるとされたのだ。西洋では特定の個人が特定の個性を発揮して理想愛をいだくのだが、対するに、道教徒が求めるのは、つゆをたっぷりふくんだ若き乙女の数をこなすことである。その際、乙女がだれであるかはあまり顧慮されない。仮に古代の道教徒たちが、西洋流の性衝動と西洋における男性のオルガスムへの強い願望を知ることがあったなら、不老不死の彼らは腹をかかえて笑い、笑い死にしたかもしれない。積極面で見れば、道教徒は女性の性的欲望をちゃんと把握し、妻を、妾を、楽人を、踊り子を、その他をおしなべて満足させることができた。自分の女のことごとくを歓ばせることで、自分の健康と女性たちのそれの両方を保証できたのだ。妻がただひとりであれば、その妻の精を枯渇させてしまうだろうが、妻をたくさんもつことによってそれを避けることができた。女性が不死を成就できることを否定した儒者とは異なり、道教徒は女性にもそれが可能だとした。オルガスムを避けつつ、数多くの若い男性と交合することで可能になるとしたのだ。とはいえ、女性たちがそうした手管に関心をもったとか、それに通じていたとかの例はあまりなかったようだ。女性たちは不死などは求めることなしに、自分なりの性生活を楽しめればそれで良しとしていたものと思われる。男性たちは、彼らの理想と考える性行為が自然の法則にのっとっているものと考えていた。というのは、いっぱいもっている体液の一部を女性が男性に与えるなら、その体液が男性の生命力、精神力に変わり、それが彼女にも還元される、と考えられていたからである。

ここで思い合わされるのが、過程を重視する雌のチンパンジーが、集団にいる、目的重視の雄のすべてと交尾し、ついには雄のすべてが消耗してしまうということである。要は、中国の男性たちは、オルガスムを求めることから不死を求める方に、自分の精気を振り向けたのであったらしい。道教徒の、女性を〈気〉の貯蔵者としか見ない没理想的な考え方に、われわれ西洋人は眉をひそめるかもしれない。しかし、西洋におけるいろいろな研究によれば、花よ蝶よの理想愛に強い憧れをもっている女性は、性生活の満足の度合いでは、現実志向の女性よりはるかにそれが低いことを考えなければならない。理想志向の女性は恋人とセックスの話はしないのだが、現実志向の女性は自分の性的欲望を口に出し、積極的に性の主導権を握り、自分としての性の満足を得ようとする。道教徒たちを弁護する言い方をすれば、彼らは性について西洋人よりも現実的な考え方をとっていたのであり、女性の性反応の微妙さ、女体の繊細さを知っていたのであって、その微妙、繊細さは西洋ではようやく最近、解明されたばかりではないか、ということになる。欲望を感じるのはクリトリスかヴァギナかという論争を何十年も重ねるのでなく、道教徒たちは、女性に最高の歓喜を与える体位と技巧をあれこれ開発したのだ。とはいえ、相手に要求しない、また性器に拠らない性衝動などは存在するとはとても考えられない。宇宙の法則によれば、女性は交合のつどオルガスムを感じなければならないとされていた。さらに、女性も三十歳になるか子供を産めば、性の相手としては無用にすべしと道教徒たちは考えた。一夫多妻制にある女性たちに、両性愛が多かったのは異とするに足りない。

女性に対する中国人の扱いということで最も驚かされるのは、纏足という風習である。しかもこの風習は道教徒以外の世界にもあった。これは上層階級ではありふれた習俗であった。身分のしるしであり、貴族の有閑の生活のしるしが纏足であったのだ。足を布で縛ってその成長を止める。つまさきを本当に腐らせて足の骨を異様な形に縮める。そんな足こそが女体で最も性的魅力にあふれた部分だと考えられていた。ところが、全裸や交合している性器が描かれている中国の好色画に、女性の裸足は一度たりとも描かれたことがない。フロイト派は、この点は男性の去勢恐怖を和らげるための、一種のフェティシズムだったのだと説明している。縛られた足というのは（もちろん）陰茎の象徴であるというわけだ。だから、女に陰茎がひとつ（あるいは二つ）あれば、男の潜在意識にある、ヴァギナについている歯によって自分の陰茎が食いちぎられるという恐れを感じないで済むという合理化を、男は無意識にやっているという次第。さらにフロイト派の説くところによれば、男の顔にあるあの有名なハイデルベルクの傷痕は女性に対する性的な刺激であるということになる。女性たちは無意識にこの傷痕を陰門とみるから、男性の陰茎をこわがらないで済む、というわけだ。淫乱に性行為を求めてやまぬとみられた女性。纏足は、その女性が遠くまでの行動半径をもたぬようにするために考案されたと考える向きもあった。その理由がなんであれ、纏足という事実は、中国人の聡明さという理想化された観念に暗い影を落とすはずである。女性の行動を縛ってしまえば、その健康を害するだけであるし、ということは男性の健康も損なわれるからだ。

以上見てきた性の技巧のことごとくは、民間レベルの道教において実践されたのであったが、もっと精神的に高い境地の哲理的道教徒たちは、それらを異端、邪道として排斥した。哲理的道教徒は、そうした性行為はまさに性の吸血行為にほかならないと考えたのである。こうした技巧が大いにもてはやされた時代の、「花船」、「柳家」といわれた高級娼家では、非常にたくさんのセックスのお相手が用意されていたものであった。また、霊的交合を目的として男女を乱交させる道教徒の一派もあった。性の体液を吸引することが主目的であるところから、道教徒のなかには、自分は交合をせずに、幾人もの若い男女が交合して出る体液を集めて、それを飲むことまでやった者もいた。また、自分の精液、尿を飲み、女の経血をなめる者もあった。

しかし、典型的な性の実践者は、都会に住んで、妻妾たちがつくるハーレムに囲まれていた官吏であった場合が多かった。彼は肚の底では、都会生活を捨て、山に入って不死の仙人になりたいと願っていた。仙人は、妻、妾、乙女の陰の発気を自分の養分にしない。山間に住まうというそのこと自体が、彼に存分の〈気〉を与えてくれるのだ。都会の道教徒が「三峰」の分泌液を吸引するに対して、仙人は谷から毎日立ち昇る、山の靄と雲のなかで呼吸することで英気を養う。だから、彼の性的実践では、そびえ立つ峰に漂う陰陽の壮大な流れを吸引するのだが、都会者の実践はその貧しい代用でしかない。

どこかの地方都市に閉じ込められ、公私の仕事に多忙であるこの典型的な官吏は、自家の庭のテーブルに、かなり大きな壁掛け絵画のような山水画の巻物を広げて、のこぎりのようにゴツゴツした、靄にくるまれた峰を脳裏に浮かべながら、自分はあたかも竹でつくった小屋に住まう賢者であるかのように夢想したことだろう。都会の彼の庭は中庭に限定され、樹木と石が点々と置かれ、塚と庵がしつらえられた。ここは彼の性生活のかなりの部分の舞台になった。暖かな夕暮れともなれば、彼はここに出てくる。妻のひとりがうつろな風情で木に寄りかかっていて、彼は後ろから彼女に近づく。ほかの妻たち、側妻たちもそこに入れ替わり出入りして、二人に戯《ざ》れごとを言ったりお茶を出したりする。山の仙人の微細にして神秘的な生理において生じている性的プロセスを、この男女二人は演技しているのだ。

仙人の神秘的な生理には、心の錬金術のプロセス、つまり性能力の内面化・精神化が含まれている。そしてこのプロセスが最後に異端の性技巧に取って代わる。易経の「既済」（完成）を表す六行の卦は二組の三行からできている。上の三行が水を表し、女性の陰の性を表しているのに対して、下の三行は火と、男性の陽の性を表している。そして、二つの三行が一体になって性の結合が暗示される。男女関係をつくるその力が自然のなかにも見い出されるのはすでに見てきたところだ。〈気〉をはらんだ雲の陰の湿気が、そびえ立つ陰茎のような山の峰々のまわりを流れるということであった。性の「三つの峰の薬」というのは、宇宙的性衝動という人間的尺度において、山という自然の風景を代用したものである。仙人はその宇宙的性衝動を自分の体内につくることができた。かくて「既済」の卦は男女の性的結合を暗示するとともに、火の上で沸き立っている大釜をも示している。その釜は人体の微妙な生理における性的錬金術のプロセスを象徴している。自然および性的結合において生じる陰陽の交替は、一個の人体のなかにも生じる。滔々と流れる川や、峰のまわりにただよう、〈気〉をはらんだ雲が大地にあるごとく、人体における精の流れつまり〈気〉は決まった通路を流れるのであって、この通路は大きな川の支流のような細い枝をいっぱいもっている。中国人はそう考えた。〈気〉が流れる主要な通路は経絡という。経絡は十二あって、それぞれの経絡につながっている臓器が健康であるなら、〈気〉はそれらの経絡を安定した量でもってスムーズに流れる。その流れが阻害されると、精が滞りよどんでしまい、臓器によって〈気〉が過剰か不足になる。その結果、病が生じる。

だから、古代中国の養生法では、適量の〈気〉で身体を育み、〈気〉が停滞せずに循環するように心掛けた。はり療法は、適切な量の〈気〉を供給することが原理となる。しかし、経絡は身体の表層にしか〈気〉を届けない。十二の経絡を通る、健康を維持するのに必要な精の流れも、精神的に進歩し不死に近づくためには不足である。そのためにははるか多量の〈気〉を蓄積し、はるかに深い微細な生理レベルでその〈気〉を循環させなければならない。〈気〉が深く循環することは身体内部の錬金術のプロセスであり、これによって、精液としての精《チン》が生命力〈気《チー》〉に変わり、最後に神《シン》（スピリット）になる。

性能力、生命力、精神力は一個のものの三面である。道家の性の指導者が数多くの若い処女たちとの交合を求めた理由は、青春期にこそ性的エネルギー（チン）が最も旺盛であり、それがごく自然に生命力（チー）にも精神力（シン）にも変容すると考えられていたからだ。生命力と精神力を若さに求める考え方は、横溢する性的エネルギーをまずもって若さと結びつけるからこそ出てくるものである。道家の指導者は、若い処女と結ぶことで性的エネルギーを輝かせ、それをより高いレベルに変容させることができる。青春期を過ぎると、体からは性の体液も性的エネルギーもあまり出てこなくなる。だから、生命力と精神力を保存することに留意しなければ、その二つの力は損なわれ、不健康、病、死につながる。精を蓄えてそれを〈気〉に変え、次いで神に変えることによって、通常の老化のプロセスが逆転される。鹿が鼻をしっぽにくっつけることで、エネルギーを円環に流して多量のエネルギーを蓄えるように、道教徒たちは、性的エネルギーが生命力と精神力に自然に変化するのを促すための瞑想法を考案した。そのひとつに「大周天」と呼ばれるものがある。この瞑想では、沈思が腹の内側に向けられる。循環するエネルギーが生殖器に降り、脊髄にそって脳に昇り、前に移動して顔、下に動いて胸、さらに下に動いて腹にいたる。最初、瞑想者は〈気〉がエネルギーの循環に乗って動くのを幻視するが、最後には、エネルギーの循環が自然発生的なものであることを把握し、循環を熱の流れとして体感する。循環が続いているあいだ、エネルギーはどんどん純化し、とくに脳に達するとき最も純化する。脳においてエネルギーは、大きな拡大感と平安感を生み出す。そして、エネルギーが圧縮されて霊薬「丹」になり、もういちど腹に降りてゆく。最後に、黄金色に輝く液状の丹が脳のなかにできる。それが腹の「釜」に降ってくる。釜のなかで丹が結晶化して光り輝く「胎児」になる。このとき、胎児は脊髄を上昇して、頭頂から外へ出ることができる〔出胎〕。この業を行う者たちの頭の上には巧緻な光輪ができる。出胎のとき、鹿のように、彼らの性的エネルギーは頭に蓄積される。

中国の民話には、山深くに住まう皇帝や仙人に妖精が近づいて、二人が交わる話がいっぱいある。すでに述べたように、雲雨の技が中国のある帝に伝授されたのがこの例であった。内面での性交が行われるにともない、体内において美しい妖精を幻視し、彼女と交わることで、エネルギーの体内循環は助長される。かくて、不死にいたるのに必要であるあらゆる陰陽の力が人間のなかに見い出されることになる。翡翠ほど純な肌をもった妖精たる女神がひとり、どの男性のなかにも見い出される。熟達者は女神の息を吸い、彼女の美を思念するように助言された。この内面の性交をすれば、男性は処女のハーレムに近づく手立てがなくてもさしつかえないことになった。そして、彼は不死を求める願望において自信をもつことになる。乙女たちに彼の生命力を収奪される不安をもたずに済む。彼の生命エネルギーが形状をまとった存在がすなわち乙女たちであるからだ。

この内面の性交の技はかなり一般に広まったので、道教徒たちは女性たちの言い寄りを現に拒んだこともあったであろう。こういう話がある。道教のある道士がひとりの美しい乙女のもとをたびたび訪れたが、体の関係はもたなかった。ある晩、酒に酔った彼女が彼を誘惑した。で、彼の説得。私の体のなかでは陰陽がすでに男女の交わりを済ましているのです。この内面の交わりは、外の肉体の交わりよりずっとずっと気持ちのいいものなのですよ。

しかしながら結局は、道教徒たちは肉の交わりと内面のそれの両方を良しとする技を育てた。「二重の修養」といわれたものである。正統でない性行為が女性を刺激し開発することをあてにし、男性の側にかなりの主導権があるはずのものであったに対して、二重の修養の技は真に道教らしいものであった。性技を操作するのではなく、むしろ自己放棄の行為であったからだ。女性の体液を引き出すのでなく、生命力・精神力の場《フィールド》、どんどん微細になるその場に彼女といっしょに参入しようと努めるという二重の修養。道教徒の実践者はそれに努めたのである。この実践は、水力学ではなく生体電子的・精神的場にその基盤を置いていた。夜中以降に行われる二重の修養には、豪華な飲み食いを男女ともさし控えることが必要である。さもないと、二人の精神がだらけて、臓器が害されるだろう。まず、二人は瞑想しなければならない。二人の精神が澄みわたったところで、無言のまま体を動かさずに交合する。エネルギーの場が二人の間に生じたところで、二人はその場に身をあずけ、体内にエネルギーが流れるのを幻覚する。男女とも性器のオルガスムは感じない。この形の性行為が長く行われるなら、男女とも若さの力を獲得し、長生を得る。

こうして、管理と操作に基づく性行為の時代が長く続いたあと、機能をもっていながら静謐である場への参入ということに基づく性交という技が生まれた。ちなみに、そもそも道教はその場への参入から生まれている。再度、最も柔軟にして静かなものが最も屈強で動的なものにうち勝ったのであった。次の章で見るように、インドではこの微細な抱擁が高度な段階にまで育まれた。

4　蓮

インド洋から吹いてくる芳しい香り。その香りを含んだそよ風をあびているラーヴァナ〔セイロンの魔王〕の宮殿の寝室が、白く明るい天蓋に覆われていて白鳥のようである。その下に、きらびやかな衣裳をまとい、頭に花飾りをつけたたくさんの女たちが華やかな絨毯に身を横たえている。なまめかしい遊びに夜半を過ごして、彼女たちは、酒が入っているから深い眠りに身をまかせている。静かなまどろみの後宮。いましも静寂に包まれている、きらきらとした飾り物にかざられたこの後宮は、白鳥の声、蜂の羽音はないけれど、蓮の花咲く、夜の広い池のごとくだ。美女たちの目と口は閉じられていて、夜明けになれば花開こうと気持ちを溜めている、夜に閉じられる蓮の花弁のようだ。睡蓮のような芳香が彼女たちから立ち昇る。その後宮の輝きは、秋の夜の満天の星のようであり、ラーヴァナがそれに照らされて輝いているさまは、あたかもきらびやかな星たちに囲まれた月の趣である。女たちは、天空をきらきらと流れる流星群のごとく輝いている。舞踏会の途中でまどろみに落ちた女たちもいる。稲妻に気絶したように横たわり、髪は乱れ、身につけた装身具も散乱している。足首飾りを落とし、化粧をよごしている女もいる。花輪を床に落とし、真珠の糸を切り、ガードルを落としスカートを脱いでしまい、鞍をつけていない雌馬のような姿の女もいた。耳飾りをなくし、淡い色の花輪を踏みつぶし、まるで花をつけたつる草が象に踏みにじられたような姿の女もいる。そこかしこ、月光が、眠れる白鳥のような胸のあたりをさまよい、女たちの息遣いとともに浮き沈みしている真珠の糸の間に反射している。彼女たちは川である。彼女たちの腿は岸であり、腹部はさざめく流れ、顔は黄金色の蓮、彼女たちの好色な欲望はワニ、感じやすい体は川床である。絹のガウンに縫いつけてある鈴がさざ波のような音をたてる。足首、首、肩、手首、腹、乳首に紫色の咬み跡とかすかなひっかき傷が飾りのようについている。それは獅子か虎がそこを吸ったというしるしだ。香りを放つ吐息で上下しているベールが虹色の旗のように動いており、耳飾りが、ほかの女の、芳香を放つ吐息に揺れてりんりんと音をたてている。互いの唇と舌をなんども舐め合っている女たちもいる。主君と接吻しているつもりなのだろう。情感が高まると、その夢見ている美女たちは、眠ったまま愛撫し合う。手足に宝石をつけている女たちが山のような豪奢な衣服をかきいだいている。眠っていても、踊り子たちは官能的なしぐさで身を動かしている。太鼓やリュートを抱いているのは、長く訪れてくれぬ恋人をかきいだいているつもりなのか。頭や手足を別の女の腹、乳房の間、腿、腰にのせている女もいる。なまめかしく絡んでいる、腰のくびれた二人一組の女たちは、花開いている花弁がそよ風にまとわりついてでもいるかのようだ。この女たちの輝きは、黄金色のランプの明かりのように、眠っているラーヴァナにまとわりつく。

以上はインド文学の最も有名な一節のひとつである。『ラーマーヤナ』という、サンスクリット語で書かれた古代インドの叙事詩から訳出したのだが、インドの詩人たちが惜し気もなく女性賛美に精を出したことが窺われる一節であろう。鮎のそれのようにぱちぱちと震えおののく眼、羚羊のような眼、暗い蓮の花のような眼、毒を含んだ、しかし神々しい眼、大きくむっちりした魅力的な乳房、ふっくらした乳房の黒い乳首、膨むべきところは膨み、くびれるところはくびれた、黄金の手足をつけた肉体、果汁たっぷりのマンゴーのような唇、つやのある腿、くぼんだ臍、分厚く膨んでおり、見る角度で濃淡を変える、たわわに流れている髪、星のような真珠の飾り、天国の花の香ただよう吐息と鈴をころがすような甘い声、ものをとろかす月光のように柔らかく流れる声。そんな肢体の女たちは、天界を幻視するような詩的想像力をかきたてる。インドでは、性、とくに明朗な性は神聖なものである。最も基本的である性の型にも神聖さがみなぎっていることを理解するためには、寺院娼婦の制度を考えるだけで十分だろう。中世のインドでは、踊り子の娘たちが田舎の寺院で娼婦になった。その寺院に祀られている神と結婚する儀式として娼婦役を演じたのである。娼婦が妻を演じてする職務に、行きずりの男たちと交わることがあった。だから、彼女の客は、神の妻と交わることによって神と交感することになった。悦楽のために行われる官能的行為が、娼婦と客双方にとっての聖なる儀式の行為でもあったのだ。

神や女神とどこで出会おうが――神話でも、肉感的な彫刻でも、宗教の図像でも、聖人の図でも――、その聖なる心象には、かならず官能の蠱惑があり、抗いがたい性的な魅力が潜んでいる。最高に官能的な心象はたぶんクリシュナ、「浅黒い人《ダーク・ワン》」であろう。青黒く、青い睡蓮よりも青い、魅力あふれる神の化身である。学者にとって、性が自由であった古代部族の伝説的英雄が彼である。座して瞑想をしているヨーガ行者にとっては、彼は宇宙の全体である。彼の子供時代の故郷ブリンダーバンの村娘たちにとっては、彼女たちが水浴びをしている間に服を失敬したり、彼女たちがほしがっている物ならなんでも盗んでしまうわんぱくな神の化身が彼だ。元来、クリシュナ伝説はみだらな性の饗宴の際にもてはやされたものであった。だが、父権制のブラーフマン（司祭者層）が自分たちの宗教であるヒンドゥー教を、性的により自由な母系制社会に押しつけたために、この伝説はヒンドゥー教の経典に編入された。だから、情熱的な愛が、肉体の領域からひとりの神の化身への瞑想に転化されることになった。月に明るい夜空を見上げながら世界を放浪した若者への瞑想である。蓮の芳香がただよい、森に群れ飛ぶ蜂の音がしている。そのときクリシュナが、田舎の羊飼いの女たちとの交合を夢想する。低いけれど美しい声で歌いながら、彼はその歌で女たちを誘惑する。彼女たちは家を捨て、浅黒い恋人と手に手を取って夕暮れに駆け落ちをする。

彼の歌を聞きながら、ある女はそっと歌を合わせる。ひたすら彼を夢想するだけの女もいた。吐息を吐きながら「ああ、クリシュナ、ああ、クリシュナ」とささやく女。愛に我を忘れて彼に抱きつく女。しかし、家にとどまって、目を閉じて彼を瞑想し、至福の感覚のなかで彼と交わった女もいる。

こうした羊飼いの女たちに囲まれて、クリシュナは彼女たちと踊ることに次第に夢中になる。クリシュナの動作を優雅にまねする女たちの手足。その大勢の美しい女たちが彼を求めてゆれ動いている。

「わたしは主なるクリシュナよ！　わたしのなまめかしい動きを見て！」感極まってそう叫ぶ女もいた。

地面をじっと見ていて、急に蓮のように眼を見開いて叫んだ羊飼いの女がいた。「クリシュナの足跡があるわ。あの人に出会うなんて、随分と運のいい娘がいたものね。その子の小さい足跡が彼のそばにあるもの。ほら、ここであの人、丈の高い花を摘んだんだわ。足跡が爪先だけになっているもの。ここで娘がひとり乱れたようだわ。クリシュナの手をつかんでいたのよ。で、あそこで彼に手を離されたんだわ」。

その話を聞いていた女たちは、クリシュナに会うという願いが叶わぬことを知って悲嘆にくれる。その彼女たちが川の土手に足を向けたところ、クリシュナを見かける。世界の守護者である。彼は彼女たちにやさしく語りかけ、手で触れて彼女たちを陶然とさせる。大きな輪になって、彼は彼女たちと踊り、全員と手を握りあう。手を触れられると彼女たちは目を閉じて、彼の腕輪のカチカチいう音が聞こえるばかりであっただろう。

クリシュナは月光を、蓮を、秋を歌ったのだが、羊飼いの女たちはクリシュナのことだけしか歌わなかった。彼はどの女とも踊ってくれたけれど、それだけに彼と踊れない時間は千年も過ぎたような思いを女たちはいだいたことだろう。

ある春の夜、満月のとき。木々はジャスミンの香りを放ち、カッコウが鳴いている。床にはジャコウと白檀の香りがする絹の衣服がぬぎ捨てられている。愛の営みのための寝台がある。宝石をちりばめたランプが部屋を照らす。クリシュナが笛を吹いている。夫婦の寝床を抜け出してきた御婦人たちの欲望に火をつけるためだ。彼の恋人ラーダに目を向けると、そのまま彼はじっと見つめる。彼女を抱き上げて、豪奢な寝台にあがって、彼は八つの体位で交わる。身をもてあました羊飼いの女たちも全員抱くのだが、その際はまた別の体位である。こうしてすべての女たちと彼は同時に交わるのだった。それから、また女たちと踊り、さまざまな踊りをしながら、女たちの心を盗んでしまう。そしてまたしても、腕輪、足首飾りをカチャカチャいわせながら全員との交合に及ぶ。座が最高潮のとき、一声の叫びがあがって、みんなの熱がいっせいに覚めてしまう。沈黙が支配し、みなの手足に鳥肌が立つ。女たちの髪は乱れ、スカートはゆるみ、上半身の着衣は脱ぎ捨てられている。クリシュナが十六の体位で、すべての女と同時に交わったとき、すべての神々とその美しい女神たちが黄金の馬車に乗ってやってきて、喜んで眺めていたのだった。愛の矢に貫かれて、女たちの体は全身わなわなと震えていた。三十三の森のなかで、この「浅黒い人」は三十三日の間に三十三人の女と交わったが、彼女たちの欲望は充足しなかった。火に油のごとく、それでむしろ彼女たちの欲望はめらめらとたきつけられた。インドでは、神聖さ、すなわち性的なものである。

とはいえしかし、クリシュナを熱心に崇拝する者たちは、魂というものは男女の別なく、神との関係において女性的なものであると考えている。男性のクリシュナ崇拝者たちの生活、行動、服装が女性のそれらに似ていることがよくあるのはそのためで、そうすることで、恋人クリシュナへの献身の感情をかきたてようとしているのである。そんな崇拝者がインドには今もいる。しかし、彼らは尼僧の堅苦しい服を着ることもなく、信心深い行動をとることもなく、絹のサリーをまとい、腕輪、足首飾りをつけて、陽気で浮ついた娘たちのような言動をとるのだ。彼らがけらけら笑ったり顔を赤らめたり、ときには女たちにまじって暮らすのは、そうすることで献身というものの正体を容易に知るためなのかもしれない。

クリシュナ崇拝者には男女ペアである場合もあった。彼らの神クリシュナの艶っぽい冒険話を読んだり吟じたりして、彼らは強く激しい、官能の刺激を自分のなかにかきたてた。そして、性的なヨーガを行い、男性がクリシュナ役、女性が羊飼いの女の役を演じた。いろいろの愛の儀式が大きな集団で行われもした。その際、女たちが人妻であれば、強い官能が生まれるものと考えられた。クリシュナ自身がおびただしい数の人妻と体を交えたからだ。性の技巧に長けた女たちは、そうした集団では大いにもてはやされた。

西洋の宮廷愛崇拝はクリシュナ崇拝の影響であったと考える学者は多い。高嶺の花の恋愛対象を憧憬する西洋人の気持ちは、神である恋人を求める気持ちと重なる部分が多い。欧米各地の空港で見かけられる「ハレー・クリシュナ」（クリシュナ教団）の支持者たちは、その気持ちの動きを大規模にした人々なのかもしれない。

インド最初期の経典のひとつ『森林書』（アーラニヤカ）は、宇宙の全体が交合から生じたと説いている。原始、まったく孤絶した「至高者」のみが存在した。全知の力をもって、彼は八方を見わたしたが、なにも見えなかった。喜びがまるでなかった。それで、だれかの存在を欲した。彼は自分を二つに裂く。それは男女が交合するようなものであった。この分裂で夫と妻ができた。夫は妻と交わって、人間たちが産み出された。妻はかくれんぼをしようと考え、雌牛に姿を変える。夫は雄牛になって妻と交接する。そして子牛たちが生まれる。雌馬と雄馬になって交わり、子馬が生まれる。雌ロバと雄ロバになる。こうして蹄のある動物たちが生まれた。ヤギになり羊になって、子ヤギ、子羊が生まれる。こうして、「至高者」はあらゆる生き物の雌雄と全宇宙をつくった。つまり、彼は喜びを求めて、群れのなかの雄牛のように、際限のない種類の生物の雌と交わったのだ。同様に、闘いで死んだ英雄クリシュナ、天に昇った独身のヨーガ行者クリシュナは、神々しい天女たちと性の戯れをすることを期待できたであろう。こうした神々の行いをまねることが、地上の男たちの責務になった。かくて、男の最も放恣な空想が神によって是認されたのであった。インド人男性の視点からすると、理想の家族とは、たくさんの妻、妾、女中、楽士、踊り子がいて、その全員が、夫であり主人である自分を楽しませることにひたすら努力を傾け、自分は輝く神のごとく彼らの真ん中にいて楽しむという家族であった。

古代インドは、乾ききって、貧困にうちひしがれ、森林の伐採が進んだ国ではなかった。そこが今のインドと違っていた。燦然たる要塞のような都市、おそらくあたりで最も美しい風景のなかに記念碑のようにつったっている都市。それがかつての都市の姿であった。その都市には、膨む発芽をいっぱいつけた蓮の池をもつ、樹木の繁茂した庭園がいくつもあったものだ。恋人たちがその庭園にある悦楽の館に滞在した。夕暮れともなれば、こうした庭園は、歌、踊り、内密な悦楽事で沸き返った。

とくに春に盛んであった。夜が短くなり、昼が、それまで縮めていた手足を伸ばし始めるのが春であったからだ。この季節になると、マンゴーの香りを運ぶそよ風が、離ればなれであった若い恋人たちの心に染みる。貴顕たちに雇われていた妖美の娼婦、女性の踊り子、詩人、楽士たちが庭園の雰囲気を明るくした。古代インドでは、女性たちはひとつの所にとどまっているのでなく、まだ母系制の伝統が色濃く残っていたひとつの社会のなかを自由に移動した。婚前交渉や婚外交渉はごく普通のことだった。女性は恋人の前では慎みを装っただろうけれど、あらわな胸をほっそりした腕で隠すことも叶わぬ彼女こそは、髪に飾った蓮の葉で燭台をあおいでその火を消し、あとはどんなこともできぬことはないという次第にもってゆく立役者であった。闇に慎みが隠れてしまえば、彼女の心身の欲望を充足させるために、彼女自身が積極的な役割を果たす場合がしばしばであった。

こうした娼婦は天界の乙女に相当する存在であり、情熱の儀式の精通者だった。彼女たちのしなやかな体はつきあげるような性の欲望を引き出す財産であった。娼婦の多くは非常に体が柔らかだったから、立ったまま体を後ろに折ってゆき、ひじから手首の部分に顔を乗せて、その状態のまま床に置いてある果物を食べることをやってのけた。彼女たちは性の技巧にある体位をことごとくためしてみたいと思い、およそこれ以上はあるまいと思われるほどの数の、バレエの振付けのような姿態も見せた。当時の数学者たちが、性交の体位順列組み合わせの考えられるだけの数を何度も計算しようとしたのだが、最も冴えた学者でもせいぜい七百ほどを想像したにすぎない。のちほど見ることにするが、神々はその数を何倍でも考え出すことができた。踊りとヨーガの訓練をしていた身の軽い娼婦の多くは、寄せる大波――新しい秘儀をひとつひとつ優美に訓練することで高まる嵐の大波――のように性の技巧に入っていった。女の恋人が、嵐の最大猛威にならぬうちに引き下がってしまう場合、彼女はひそかな流し目を彼に遣い、満たされぬ情熱でその目をぎらぎらとさせたことだろう。というのも、女性たちのほうが性の技巧に完全に精通しており、また男性側からもそうであることを期待されていたからだ。女性が六十四の余技についてのしっかりした知識をもってこそ、聡明な女性とも良き恋人とも目された。その余技の一部を挙げれば、歌唱、楽器演奏、踊り、絵画、人の額への彩飾、米と花で偶像神を飾る技能、生け花、寝床の整え、花輪作り、耳飾りなど飾りのデザイン、性的欲望を刺激するために肌にぬる芳香剤の調合、趣味のいい着付け、手品、料理、シャーベットなど飲料の用意、裁縫、謎解き、恋人どうしの遊びでの詩の暗唱、ものまね、理屈合わせ、詠唱、剣術、木工、庭仕事、オウムをしゃべらせる訓練、作歌、一目で男性を判断する技、などである。これらの技に熟達した女性は大いに尊重された。なぜなら、彼女のそれらの技は、有閑の富裕というアウラとの性的な雅の戯れ感を高めてくれ、ひいては神々の感覚としての悦楽を体で感じさせてくれるからである。

インド人がどれほど神秘性を好むといっても、基本的に彼らは分類好きである。性技についてのさまざまな文献において、インド人たちは人の性的類型の仕分けを表のように列挙する。男女のさまざまな類型、インドの地域差による女性の性的特徴、太陰周期の各段階における女体の各部への性感覚の流れ、考えられるかぎりの体位・抱擁・接吻・引っ搔き・愛打・愛咬の形、花嫁・ゆきずりの女・人妻の口説き方、媚薬の調合の仕方などが列挙されるのである。

『カーマスートラ』によれば、最も望ましい類型の女性は「蓮女」という意味の「パダミ」と呼ばれ、神々の世界から降下してきた女性だとされた。彼女はつやつやとした月光のような顔色をし、淡黄褐色の眼、大きな乳房、くびれた腰をもち、臍のまわりは皮膚が三つ重ねになっている。その歌うような声、黄金色の肌、あか抜けた物腰によって、彼女は男にとって喉から手が出るほど欲しい存在になる。彼女の陰部は蓮の花の香りが匂う。昼間の交合を彼女は好む。

次いで望ましい女性は「チティーニ」すなわち「芸女」である。彼女は「蓮女」ほどは心がこまやかではないが、愛における暴力を嫌う点で共通している。彼女も乳房が大きいのだが、腿は「蓮女」より太い。象のような揺れる歩き方をし、技芸好きだ。彼女の愛液は蜜の香りがし、夜の交合のほうが好みである。

「シャンキニー」という「貝女」はそれほど容姿端麗でない。痩せすぎ、背が高すぎ、太りすぎ、のどれか。腰ぼってり、胸小さく、声はダミ声。交合では暴力を好み、男の体に爪痕を残すことがよくある。膣からは塩の匂いがし、夜の性交を好む。

最後の「ハスティーニ」と言われる「象女」は最悪の類型と考えられた。趣味に一家言もつ男なら、この女は絶対に避けるべきだとされた。鈍感にして動作鈍く、体はいかつい。象の陰部のようなつんとした匂いが膣からただよう。昼夜、見境なく性交を求める。

同じように、男性も四つの類型がある。男っぽく美男子、やさしい「兎男」は「蓮女」にぴったり合う。戦士に似た勇敢な「鹿男」は「芸女」のお相手に申し分なし。がさつだが行動的な「牛男」は

「貝女」に最適。ぶおとこで粗野、好き者の「馬男」は「象女」にぴたり。

男女のこの四種類は四つのカーストに対応している。「蓮女」、「兎男」は精神を司るブラーフマンにあたる。「芸女」、「鹿男」は屈強な戦士のカースト〔クシャトリヤ〕に、「貝女」、「牛男」は庶民カースト〔ヴァイシャ〕に、「象女」、「馬男」は野卑な賤民カースト〔シュードラ〕に、それぞれ相当している。

蓮女の、精神的であり品もある愛は、がさつな、下位三人の男相手であればもろくも壊れてしまうだろう。「象女」は「馬男」だけを相手にすべきである一方、「蓮女」と「兎男」の組み合わせでは、瞑想的で霊的な合一を味わうことができるとされていた。

こうした区別がなされたについては、インド人の生活経験の根深いところにその原因があった。彼らは森羅万象をひとつの連続した流れととらえるからだ。個々の事物はひとつの川のそれぞれの渦巻きのようなものであって、だから渦巻きを流すまわりの水によって刻々と姿を変えるものである。ブラーフマンのなかを流れる生の流れは精神的なものであり、食事を、音楽を、結婚相手を、精神的存在である人間のもろもろの活動を包含するはずのものだとされていた。戦士、庶民、賤民のなかを流れる生の流れは、カーストの順にその価値が落ち蒙昧になると考えられた。ブラーフマンは、戦闘、生産と消費に時間をさくのではなく、瞑想と示教に献身した。精神の人ブラーフマンの講話に座して耳を傾けるなら、ブラーフマンの「響き」が聴いている者に実際に流れ込んできて、その人の生の実質を変えるとされていた。インドの導師が決して対話を行わないのは、より劣った人物からの響きの流れは導師には伝わらないと考えられたからだ。導師の役割は、劣った人たちに中断されずに講話をすることによって、導師の純粋な本質の大半を人に与えることであった。

性の指南書によれば、なによりもまず、恋人たちは響きの場《フィールド》への感応を鋭くしておくべきだった。恋人たちもその場の構成要素であり、またその場において自分にふさわしい相手を見い出すのであるからだ。ブラーフマンの女性のかならずしもすべてが「蓮女」のように美人というものでもないけれど、もろもろの霊的な性質はもっているとされた。霊的な性質をもっている者はだれでも「蓮女」であり「兎男」であって、それは所属するカーストには拠らない。そういう微妙な含みが性の指南書にはある。しかし、一組の男女が響きの感度では釣り合っているが、性器の大きさが不釣り合いである場合はどうなるのか？　この問題がじっくり考察された結果、可能にして望ましい組み合わせをことごとく列挙し、また性器の大きさを勘案して男女の格付けがなされるにいたった。一般的に、「高次の合一」は、女のほうが性器が少し小さい場合に可能になる。女の性器が男のよりはるかに小さいなら、「超高次の合一」がなされうる。「低次の合一」は、女の性器が男よりずっと大きい場合である。

性技に練達の男が、気性も合い背丈もちょうどいい愛人を見つけたら、彼は彼女の性感帯を愛撫し接吻して刺激するだろう。彼女の性感帯は太陰周期の各時期で異なるから、彼はそれを承知しているはずだ。性感帯は満月時にスタートして、体の左側を額、眼、頰、唇、首、肩、腋の下、胸、腰、性器、膝、くるぶし、足と降りてゆく。新月のとき、体の右側を昇り始め、満月のときに頭、髪に届く。古代の文献によれば、この移動があるのは、太陰周期における明暗の変化のせいである。近代科学によってもこの説はある程度裏づけられる。頭にある二本の腺、松果腺と下垂体の腺は、人体全体の生理機能に影響するホルモンを分泌するのだが、その腺が明かりによって活性化されるからである。女性はとくに太陰周期に敏感である。太陰周期は女性の生理はもとより、微妙な感情の状態にも影響を与える。それを記憶にとどめて、エロスの科学が古代インドでどれほどの微細なところまで分け入ったのか、その度合いを見きわめることにしよう。月の形状を追うことで、足の親指から順次上に向けて女性の歓びを刺激しようと試みることは、あるいはいくらなんでもゆきすぎではないかと思われるかもしれない。だが、西洋の女性の多くは、唇、乳房、膣に限定されない性感帯の地図をまずは歓迎してくれるだろう。それに、キリスト教教会が罪の百科事典を編纂しているまさにそのときに、インド人たちが官能の事典を編んでいたとはおもしろいではないか。

古代インドでは性の肉体的側面はかならず、微細で強力なエネルギーの場《フィールド》に関連するか、それに従属していた。それについては、その場が、恋人がそこで振動する洗練のレベルなのか、太陰周期の影響なのか、はたまた恋人が基本的にもっている感情なのかには無関係である。だから、古代の性の導師が教えるさまざまな抱擁の形や性交体位はたんに肉体的行為であるにとどまらず、激しい性的な放下から静かな精神的放念までの感情がぎっしりつまったものであるのだ。しかるべき状態で手を握り合うのは、完璧な交合と同じほどの、あるいはそれ以上の感情をともなうことがありうる。ヨーガ、ものまね、戦略、演技に親しんでいる人なら、体である姿勢をとると、ある特定の心理状態が生じることが経験的にわかるだろう。ヨーガと瞑想を実践して、インド人は感情の科学とでも言うべきものをつくりだした。最高次の感情は神の愛というありようである。これは特定の体位の性交をしばしばともなうものである。ヴィシュヌ神と結婚するとされる寺院娼婦も踊りとヨーガに熟達していた例がほとんどだった。すでに述べたように、神の妻としての娼婦の仕事には、知らない人との儀礼としての交合が含まれていた。交合時に魚、亀、輪、貝のヨーガ・ポーズを連続して取って娼婦は踊りを行うのだが、この踊りによって、娼婦の神であり夫であるヴィシュヌの最初の四つの化身が儀礼的に象徴される。だから、儀礼として娼婦が化身たちになるにともない、娼婦の相手客は神の化身たちと結ぶことになる。

世俗の場合、木の幹を伝うつる草のように、片方の脚だけを上げて相手の腿にからませて、女が彼の体にまつわりつくことで、彼女は娼婦と同じ行為を行う。その動作は、彼女の内部に高まってくる、ある特定の感情を表現し、またそれをいっそう強化するためのものである。抱擁の体形は、彼女が没入している目に見えぬ感情の場と緊密にからみ合っている。それは、彼女の体と相手の体のからみの緊密ぶりに劣るものではない。オルガスムに至りやすい体位が女性によってまちまちであるというのは、まったくそのとおりであるが、だからといって、オルガスムを得ることだけが体位の目的であると考えるのは早計だろう。実は、事は正反対なのだ。インドの性愛論は、オルガスムをいの一番に得るのではなく、オルガスム以前の快楽を追求し、またそれを長引かせることを主眼にしている。一回の行為において体位を数多く取ることで、性感を性器から逸らせ、性器の緊張を緩め、オルガスムへの強い要求を和らげる効果を得るのである。そうすれば、体の各部がまんべんなく充実した性的なエネルギーに包まれる。性的エネルギーを、性器からより高度な小腺の機能のほうに移す目的をもつ体位のうち、その多くはヨーガでも用いられる。こうして性は、神との交感につながるようなヨーガの一形式としての機能をもつことになった。

むろん、エクスタシー以外の感覚、ときには攻撃的な感覚が性交時には起きてくる。そうした感覚をインドの房中術は実はかなりの程度斟酌していたのである。女性は男性に劣らず攻撃的であるべきだとされていたのであり、ときとして男性を支配するべきだともされていた。多くの文化では女性上位の体位は、倫理的・宗教的観点から禁じられている。その意味は主として、男性の威厳を維持することにある。男性は支配する感覚を維持しなければならないからだ。インドでは、女性上位の体位が認められるにとどまらず、大いに推奨されるのである。女性上位は、女神が神と交わる方法にほかならず、ゆえに女性たちは現世の人間にとっても十分に威厳のある存在になる。

インドの房中術はまた、心身の痛みを認める余地をもっていた。痛みが情熱を刺激すると考えられたからだ。小さい諍いがあってこそ愛のこもった和合がなされる。爪、口、歯で微細な傷がつけられたのち、優しい接吻と愛撫がなされる。であればこそ、恋愛への加速がつき、恋人たちは遊びっ気交じりの攻撃を行うことができる。女性を爪で軽くひっかきくすぐって、彼女の体毛が立ち、四肢に震えがくるようにさせる。「孔雀の足跡」と呼ばれる技は、親指の腹を女の乳首にあて、残り四指をそっと乳房に添えて、孔雀のけづめ状の跡を残すものである。女性が怒っているとき、あるいは彼女の恋人がある時間彼女から離れていなければならぬときは、もっと強く圧迫してその跡をつけなければならない。指で強く圧迫してやれば、彼女はその頑なな怒りを静めてくれるだろうし、圧迫の跡が残っていれば、二人が離れていても、互いに愛しい思いを忘れずにいるだろうとの思惑がそこにある。同じことだが、歯でつける飾りとしての跡は女性の欲望をかきたて、鏡でそれを見るたびに、あの感覚のうずきが女性に残ることになる。手で軽く叩く、ぶつこともいいことだとされた。

インドの性愛術で最も印象的なのは、男性が女性に言い寄る際のひたすらな優しさである。一回の愛の行為の間に連続してもたれる体位と抱擁が、微妙な感情的・精神的状態が視覚として表れた形態にほかならないのとまったく同じように、求愛のもろもろの段階が、女性の関心の徴候と精緻に連動して進行するのだ。ここでもまた、体の動きは、恋人どうしの間に介在する感情の場が一義的であるのに対して、二義的であるにすぎない。

無邪気な微笑、ちらちらと投げてくる視線、鼻にかかった声、ちょっと上げた眉毛、愛の近くにまとわりついてはいるが、今はまだ愛を拒んでいる感情。そうしたものは指標なのだ。若い女性の心が、不安と好奇心とに、うら恥ずかしさと欲望とに引き裂かれ、もう純粋無垢とは言えない年頃になったという指標なのである。彼女の手足のひとつひとつがお年頃のようにふっくらとし、あたかも美の大海で泳いでいるかのようだ。堅さの要素たちは彼女の膨み始めた乳房のところにのみ集合している。そんなつんと立った乳房、くぼんだ臍、活発に動く視線を見て、とりこにならぬ若い男がいるはずもない。

彼は酒席、宴席で彼女をじっと観察する。彼女は伸びをする。年上の向こうみずな女たちが話す恋の妄動に耳を傾ける彼女の腕が放恣な様子に挙げられている。そののちも彼は彼女をじっと観察し、彼女について新たに知ったことを、彼の取り巻きの若い友人たちに手振り交じりに教えてやる。あるいは、手元の鏡に彼女を写してその姿に見入り、うす笑いしている彼女の口元をまねてみたり、彼女の眉の新しい表情を発見したり、鏡のなかから急に彼に投げてくる流し目をそっくりまねしてみたりする。こうした彼女の仕草もまた、子供の遊びには飽きたから、別な遊びがしたいわと思っていることを示している。しかし、彼女が彼に興味をもっているのを、彼はどうやって知るのだろうか？　若い女性の愛というものは、外に現れるしるしによって露呈されるものだ。男性にじっと見つめられて赤面して眼を逸らしてしまう。いろいろかこつけて、彼にくるぶし、腕、脚を見せる。彼がむこうを向いたすきにちらっと彼を見、彼がなにか問いかけてくると、顔を下に向けて、曖昧な返事しかしない。彼とおしゃべりするのを嬉しがり、長い話をまこと悠長にしゃべり、それでいてその話を結末までもってゆく気はないらしい。彼の面前で子供を抱いたりキスしたりし、その間、彼にプレゼントされたものであろうか、指輪その他の装身具をかならず身につけている。

若い男性は、彼に対する以上のような愛情のしるしを見て取ったら、彼女を完全になびかせるために、できるかぎりのことをしなければならない。いっしょにスポーツしたり遊んでいるとき、彼は機会を見逃さず彼女の手に触れるべきだ。彼女がひとりでいるとき、彼はあれこれにかこつけて彼女を抱き締めるべきである。泳いでいる際なら、彼は遠くから潜って、彼女のすぐそばに浮かび上がって、体を彼女にくっつけるのがよい。春の若葉、新芽に詩心をくすぐられた風情を浮かべるとよろしい。

愛しい思いに胸を焦がしていることを彼女に打ち明けるべきである。

宴席、酒席では彼女のそばにすわり、ほかから見えないように彼女に触り、足は彼女の足にのせて、彼女の爪先をゆっくりと撫でるのがよい。次に、手で足を撫で、優しくさする。彼女といっしょにいるときは、ありとあらゆる身振り手振りでもって自分の恋心を表現すべきである。

彼女に受け入れの様子があるようなら、ぜひとも話したいことがあると言って、彼女を静かで雰囲気のいい場所に連れてゆき、言葉ではなくやさしい愛撫でもって自分の恋心を表現するといい。彼女に彼への愛情があることが確信できたら、どうも体調がすぐれないので、ぼくの家にいっしょに来てくれないだろうか、と頼んでみよう。家についたら、彼女の手を取って自分の額にあてて、なにか薬を用意してくれまいかと訊いてみるのだが、その際、「ぼくのために薬を用意できるのは、ほかにだれもいない。君だけだよ」と言うのがよろしい。彼女が帰るとき、あしたも来てくれないかと頼む。病気が二、三日は治らないということにするわけだ。そうすれば彼女としては彼の家に来ることに気おくれせずに済むから、彼女とじっくりと話ができることになる。どれほど真剣に彼女が好きであっても、楽しい会話をたっぷり重ねなければ、やはり彼女の愛を勝ち取ることはできない。

インドの性愛の賢人たちの助言によれば、若い処女の信頼はゆっくり時間をかけて勝ち取るしかない。女性は優しい性格であって、恋の始まりはおだやかであってほしいと思っているからだ。男性から強硬に迫られると、女性はセックス嫌悪、そして男性そのものへの嫌悪を募らせることがありうる。男性だから、男性は女性の欲望の質を斟酌して、優しくおだやかに近づくべきである。そうすれば、彼女はまもなく彼をこわがることをやめ、信頼を寄せてくれるだろう。

初めてのキスは彼女にとって最も甘美な仕方で行うべきであるが、それは非常に短くなくてはならない。呼び水ぐらいの気持ちでいい。それから彼女の上半身だけを抱く。女性が成熟しており、彼としばらく前からの知り合いであるなら、明るいところで抱いてもいい。だが、若い女で、知り合ってまもない場合なら、暗闇で抱くべきである。彼女の口に果物でも入れて、そっとキスをする。少しずつ胸にさわってみる。彼女がそれを拒むようなら、「もう一度キスさせてくれるなら、ここ触らないよ」と言ってみる。そう言いながら、手は彼女の全身に這わせる。手の力をだんだんと強くしながら這わせる。まだ彼女が身を引くようなら、体を咬んだりひっかいて跡をつけてしまうよ、と言ってせがむ。同時に、ぼくの体も咬んで、この咬み跡は君のしわざだと君の友だちに言いふらすよ、と言ってみる。こうして、興奮と冷静が交互にやってきて、彼女の信頼感は情熱の高まりとともに高まるだろう。

彼女の恥じらいがとれてきたら、全身を愛撫し接吻し、そっと腿の内側に両手を滑り込ませる。拒まれたら、「こうすると何かまずいことでもあるのかい？」と言うといい。そうして彼女の最も敏感にして秘密の部分にそっと触れ、服を脱がせ、あらわになった腿をさする。ここまでは、とにかく優しくおだやかに行わなければならない。しかし、まだ性交に移ってはいけない。心から君が好きなんだと言って、ようやく性交に移るのである。結論として、彼女の気まぐれに闇雲に従うのもいけない、終始彼女の反対に出るのもいけないのであって、その中間の道をとるべきである。年端の行かぬ女の子は内気すぎると考えて、はなから彼女を無視するなら、彼女のほうは、彼を女の扱いも知らない獣だとみなすだろう。

年齢が上の、経験のある女性については手引きはあまり必要がない、と賢人たちは言っている。しかし、人妻に近づくには特別な知識が必要だとも言っている。古代インドでは、姦通はとくに不義のものとは見なされず、人妻を誘惑するために冷静に計算された指図がなされたものだ。場合によって、姦通は男の命を救うこともあると賢人が言うこともあった。女に対する男の欲望は段階をふんで募る。彼女の目に惹かれることに始まり、気持ちの愛着、不眠、脱力感が続き、好んでいたものが急につまらなくなり、慎みや思慮などとことんどうでもよくなり、狂気、記憶喪失にいたり、ついには死にいたる。そういう段階である。そうした悪しき成りゆきを考えれば、人妻を誘惑する道しか残されていないわけである。

だが、愛が官能的で悦楽的で自由であった古代インドは現代のインドとは異なる。現代では規則と道徳的規制がだんだんと増え、その締めつけが厳しくなってきた。女性たちはもう自由にうろつきまわることもなくなり、貞節な人妻が女の鑑になった。情熱的で官能的なインドは死滅した。誠実なる献身という観念が前面に出てきてからだ。

上昇する精液

インドという国は常に、際限のない極端が花開いた国であった。夏は草木を焼き焦がし、沼、湿地帯を干上がらせる。熱砂のなかで、水牛は角をふって、彼らの血のにじんだ目にまとわりつくうるさいブヨの群れを追い払おうとする。しかし六月になると、すべてが変わる。豊饒の神のようなモンスーンがいくつもインド大陸全土を吹き荒れる。熱気で干上がってひび割れた大地に、急に東風の涼しい香りが漂い始める。動きのない積雲の塊が地平線に現れ、いつしか巨大な入道雲になってくる。空が暗くなって割れ、そこにすさまじい力が生じ、そこから降りそそぐ豪雨はもはや流体というより固体の塊とも見える。夜が長くなり、分厚い雲が月と星を隠しがちになる。暗闇は、ときおりの稲光りに邪魔されてかえって漆黒を増すようだ。女たちが篠突く雨のなかを恋人のもとに急ぐ。雨に濡れた薄手のサリーが胸にはりついて、乳房が透けて見えている。恋する男女は終日寝床に入ったままである。褐色の肌の女をかき抱き、女の胸と自分の胸を合わせている男たちは、雷鳴のなかの豪雨の音を聞きながら愛の営みを行っている。川の土手が決壊し、きらきらとした色の魚の群れが昨日は砂ぼこりであったところを泳ぎ抜ける。

モンスーンのなかでの交合というものは、神の豊饒の儀礼に人間が随伴することにほかならない。古代インドでは雨は神々の精液であったからである。人間の精液が子宮に入ってゆくことは、神の根源的な行為を模倣するものであった。初期インドの宮廷生活に、天界の性生活を行うという風潮があったことはその証拠であった。とはいえ、それとは正反対の風潮もかならずあった。王子が五人の愛妻を侍らせて、爪先、指、陰茎を使って五人を相手に同時に房事を行ったけれども、ヨーガ行者はひとりで燃えさかる五つの火の真ん中に座して、自分の五感を内に溜め込んで、精液を上昇させる。精液を、漆黒の雲の上高くアーチを描いている虹のような燃える輝きにするのである。

そんなヨーガ行者は「上昇する」精液を溜めているとされた。精液は放出されることはなく、人体のなかで引き上げられて、神経回路とホルモン組織の全体を培う。ひとりで行うそうした修行から引き出される力と歓喜はとてつもなく大きいとされている。断食、黙想、その他の苦行と並行して行われるこの女断ちの修行から、心身のなかに〈タパス〉といわれる一種の熱が生み出される。〈タパス〉はヨーガ行者のなかにものすごい力を生み出し、このときの彼の力を超えるものは天にも地にもいっさいないほどになる。神々でさえそうした聖なる存在は恐れる。神々の神インドラは、そんなヨーガ行者によって自分が帝位を追われると考えて、名状しがたいほど美しい妖精たちを地上におくる。そのヨーガ行者を誘惑させて、蓄えられている彼の精液と〈タパス〉を枯渇させるためである。そのヨーガ行者はカンドゥーという名の呪術師だった。彼の物語から、上昇する精液の動きにまつわる多くの事柄がわかる。

ゴマティー川の、美しくも人けのない聖なる土手。球茎、根、果実、木の葉、花、クシャの草などがいっぱいのその土手。ありとあらゆる樹木とつる草に覆われ、たくさんの花々が咲き乱れ、たくさんの鳥たちが鳴きかわし、鹿の群れが楽しげに草を食《は》んでいるその土手の上にカンドゥーの庵があった。四季折々に果実がたわわに実り、たくさんの花々が開花し、オオバコの木立がある土手だった。そこでこの呪術師は、願かけ、断食、禁欲、沐浴、沈黙の行を行って、すさまじい量の〈タパス〉を生み出した。夏には五つの火に囲まれて座し、雨季には戸外に座し、冬は顎まで川につかって修行を行ったのだった。こうして彼は己を克服する。

神々はこの隠者の〈タパス〉の力のありさまを見て大いに驚いた。その〈タパス〉の力でもって、カンドゥーは大地、空、天界という三つの世界の熱を高めた。「ああ、なんたる不屈の精神か！　ああ、なんとすさまじいタパスだろうか！」と、神々は驚嘆する。

カンドゥーを恐れた神々は、彼の〈タパス〉を妨げたいと考えて、インドラに熱心に相談をもちかける。インドラはブリトラ（悪竜）を殺した神であるが、そのインドラは神々の気持ちを聞かされて、尻の美しい妖精プラムローカに事情を話す。彼女は自分の美しさ、若さに自信をもっていた。腰はみごとにくびれ、歯並び美しく、尻も胸もむっちり。とにかく全身が美しさに包まれていた。「プラムローカよ、今すぐあの隠者がタパスをつくっているところに行き、彼を誘惑してタパスの力を涸れさせてしまえ」とインドラが命じる。プラムローカは答える。「神々の主よ、お言葉にはかならず従うわたしですけれど、これればかりは命にかかわるような気がいたします。女断ちの誓約を実行しているあの偉大な隠者がわたしにはこわいのです。タパスという火をそなえたあの人は恐るべき人であり、彼の熱は太陽の火にも似ています。わたしがカンドゥーを邪魔する者であることを知ったなら、ものすごい力をもったあの男は怒って、とても凌ぐことのできない呪いをわたしにかけるでしょう。ほかに妖精はたくさんいます。美しさと若さに自信をもっていて、腰がくびれ顔立ちよろしく、大きな乳房がつんと立っていて、男を誘惑するのに長けた妖精が幾人もいます。どうかその妖精たちをお遣わしください」。

インドラが言う。「ほかの妖精も行かせよう。だがそちは最も熟達した妖精じゃ。そちの助けに『愛』、『春』、『風』の妖精をともなわせることにする。尻美しき娘よ、彼女たちとあの偉大な隠者のもとにおもむけ」。

インドラの命令に従って、目もとの美しいこの妖精はほかの妖精とともに空を飛んでゆく。着いたところに、彼女は美しい樹木と、庵のなかで厳しい修行を行っている汚れのない隠者を見る。彼女はほかの妖精たちといっしょに抜き足差し足に樹木のなかに入ってゆき、修行にただよう霊気をまのあたりにしたこの美しき妖精は畏怖の思いに、目をむいてしまう。プラムローカは「風」、「愛」、「春」に「外にいてわたしを助けて。心の準備をととのえておいてね！」と言い、誘惑の力に自信をもっている彼女はさらにこう言う。「あの隠者が住んでいるこの庵にこれから入るわ。あの人のなかで彼の五感の馬を御している御者を、今日のうちに取り替えてみせる。情欲のままに手綱を引く、できの悪い御者に替えるのよ。彼がもしやブラフマー、ヴィシュヌ、シヴァ神であっても、今日のうちに彼を愛の弓矢に傷つく体にしてみせるわ」。そして庵に近づき始める。あたりには野の獣たちが彼の〈タパス〉の力によって飼い馴らされている。

この美しき妖精は川の土手に立って、だから隠者に近いところで、カッコウのような麗しい声で歌い始める。それにともない、「春」がその力を発揮して、季節はずれながらカッコウたちに誘惑するような歌をかなでさせる。「風」はマラーヤ山の白檀の香りを運ぶ。その香りはありとあらゆる花の香りを凌ぐものだ。「愛」は呪術師に花の矢を届けて、彼の思念を乱す手助けをする。

プラムローカの歌を耳にした隠者は、いぶかしげな面持ちで外に出てくる。「愛」の矢に促されてのことでもある。すると、そこに美しい顔立ちの妖精がいた。彼女を見た彼は驚いて目を見開き、服をだらんとさせたままよろめき、体には鳥肌が立つ。喜んだ彼が言う。「どなたですか、あなたは？お尻が美しく笑顔のかわいい娘さん、あなたの主はどなたなので？　美しいかた、あなたは私の心を奪ってしまった。さあ、いますぐ事情を話してください、ほっそりした腰の娘さん！」

「わたしはあなたにお仕えする身のものです。花々になり代わってわたしはやってきました。なんなりとお命じください」。その言葉を聞くまでもなく、彼は我を忘れてしまった。思わず、彼女の手を取ると庵のなかに連れて入る。「愛」、「風」、「春」は天界に戻り、自分の仕事は果たしたと思ってほっと一息つく。三人はインドラのもとに行き、プラムローカと隠者の間の出来事を報告する。それを聞いて、インドラと神々はひとまず胸をなでおろす。

カンドゥーはプラムローカと庵に入り、ただちに〈タパス〉の力を借りて、十六歳の見目麗しい姿に自分を変える。美と若さにあふれた魅力的な体であり、神がつけているような装身具、衣服を身につけ、神の花輪をかぶり、どの快楽にも合う香料をふりつける。このすばらしい男を見て、彼女は驚き喜び、「ああ、タパスの力だわ」と叫ぶ。

彼は沐浴をやめる。夜明けの礼拝もやめる。祈り、供物の奉納、聖典の学習、神への感謝、願かけ、断食、規則順守、瞑想を全部やめて、夜となく昼となく彼女と交合の悦楽にふける。愛に溺れている彼は、〈タパス〉を失うということに思いがいたらなかった。愛欲への没入のあまり、彼は、夜明け、昼、夜、二週間、ひと月、ひと季節、半年、一年の感覚を忘れ、つまりはいっさいの時間感覚をなくし、その間、会話も巧みながら愛の雰囲気づくりもうまい、尻の美しい妖精は彼と体を合わせた。

隠者カンドゥーは愛欲にふけりながら、百年以上も彼女と暮らす。その年月が過ぎて、彼女は「ブラーフマン、わたし天に戻りたいと思います」と言う。今も彼女に首ったけの隠者、「あと二、三日延ばしてはくれまいか」。その願いを受けて、このほっそりした女はさらに百年とどまる。この偉大なる魂の男と快楽にふけりながらのさらなる百年。

「聖職者よ、どうか天に行かせてください」。

「いや、行ってはいけない」。彼がそう言うものだから、この美人の妖精はさらに百年とどまる。

「わたし天に戻ります、ブラーフマン」。愛らしくほほ笑みながら彼女が言うと、彼はこの切れ目の女に「私とここにいなさい、見目麗しい娘よ。これからはいつまでもとどまってくれ」と言う。彼の呪いを恐れる尻の美しいこの妖精は二百年に少しとどかない年月を過ごす。細身のこの女はいくたびもインドラのいる天界に戻してくださいと請うのだったが、そのたびにこの主人は「行くな!」と言う。彼の呪いがこわいこともあるけれど、愛をなくして感じるであろう悲しみを予感するほど賢い彼女は、隠者を残して去りかねてもいたのだ。この偉大なる呪術師が終日彼女と体を合わせるとき、強壮なこの隠者にとって、愛はいつまでも新鮮であろうと思われた。

そうしたある日、隠者が大慌てに小屋を出ようとするので、美しい妖精が「どこにいらっしゃるの？」と訊く。

「陽が落ちようとしている。たそがれには礼拝をしなければならない。でなければ、儀式をおろそかにしてしまうのだよ」。

彼女は思わず笑い出してしまい、偉大なる隠者に言う。「ダルマ〔法〕を守る賢人さん、今の今になって陽が落ちるからと慌てるというのはどういうことですか？ 随分と時がたったのに、今さら慌ててどうします！ まことにおかしなことですこと」。隠者が答える。「今朝、あなたはこの美しい川の土手にやってきた。私はあなたを見、あなたはこの庵に入った。今たそがれどきになって、陽が落ちようとしているのだよ。どうか冗談も休み休み言ってほしいものだ」。

「わたしが朝にやってきたというのはそのとおりですが、でもあれから何百年も過ぎたのですよ」とプラムローカ。

驚いた隠者は切れ目の女に問う。「おとなしいあなた、教えてくれ。どれほどの歳月を私はあなたと同衾して過ごしたのか」。

「六百年と六カ月と三日です」。

「それはまことなのか冗談なのか？ 私はあなたとは一日と過ごしていないと思っているのだが」。

「どうして冗談など申せましょうか。それも小屋を出るとあなたが申しているそのときに」。

その言葉を聞くと、隠者は「ああ、なんたることか！」と声をあげ、自分の過ちを激しく呪う。「私のタパスはすべて失われてしまった！　真理を知る者の富タパスがなくなってしまった。私の知恵は失われてしまったのだ！　禁欲をしてこそ私は至高の真理を知る者であったというのに。その私に呪いがかかって色欲が生まれ、それでこんなことになってしまった！　誓約も聖典も、そのほかの救いの手立ても全部、情欲のために役に立たなくなったのだ。あとは地獄に向かうしかない」。

こうして我が身を呪うこの隠者、ダルマの賢人は妖精に言う。「けがらわしい女め、どこへでも行ってしまえ！　おまえはインドラに命じられて、愛のそぶりで私を惑わしたのだな。怒りの業火でおまえを焼き尽くすことはしまい。友愛の気持ちで、私はおまえと暮らしたのだからな。それにしても、おまえの咎はどうなるのか？　私はおまえに何をしたというのか？　私が自制心をなくしたのはまったく私の非だった。だが、ええちくしょう、この売女め、インドラに忠誠を尽くして、私のタパスを奪ってしまうとは！」

ブラーフマンの呪術師が腰のきれいな女にこう話しているとき、彼女は汗をどっとかき、全身に身震いを起こした。そんな彼女に、呪術師でも最高位のこの呪術師は怒りをふくんで「さあ行け、行ってしまえ！」と言う。舌のもつれた彼女は急いで庵を出て空に飛んでゆく。したたる汗をぬぐいながら[8]。

こうしてカンドゥーの物語は終わる。

この種の話はインド文学では最もよくある主題であって、精神性と性が熱の二つの現れであり、熱をもった隠者が自分の体を美しい若さに変えるにともなって、その熱が性質を変えるのだということをこの話は語っている。禁欲がいつしか欲望と化し、欲望が充足されるとまた禁欲に至る。インドでは性は常に神聖なものであることを思い出していただきたい。性的合一という至福はまさに神々の、時間を超越した至福にほかならない。ヨーガ行者が感じる募りゆく歓びは、女神の愛の戯れと同じほど性的なものである。

男性の心身両方の至福をもたらす燃料である精液は、インド人の考えでは、ひとつの実質であるよりも、ひとつのプロセス、ひとつの動きである。微妙な生理機能における精液の上昇する静かな流れを促し、性的至福をもたらすのは、熱っぽい射精の動きであり、またこれあってこそ精神的歓喜も感じられる。インドの伝統的な医療文献によれば、精液を保留することで長生きがもたらされる。男性の健康と精神的能力は精液を保つことにかかっていることになる。女性は男性よりもはるかに多く精神的能力を蓄えており、交合において、相手の精液を膣から吸収していっそうその能力を獲得すると考えられている。

夢精によって精液が放出してしまったら、親指と薬指でその精液をつまんで胸と眉の間で体にこすりつけるように、インドの文献は助言している。そうすれば、放出された精液でも脳へと上昇してゆくというのである。精液が達する一番高いところは頭頂である。ヨーガ行者と神々の長髪のふさは、全身に精液とたくさんの神のエネルギーがみなぎっていることを示すものだ。暴漢に襲われ、刀で切りつけられたあるヒンドゥー教の聖人から、血ではなく精液がほとばしったという話もある。

西洋の生理学をわずかでも知っている者であれば、精液といわれる物質が全身に行き渡ったり、脊髄を通って上昇して脳に達するなどはありえないことだと考えるだろう。しかしながら、インドの賢人、道教徒は生理学上のまちがいを犯しているのではなく、彼らの精神的経験に基づけて、人体についての概念、人体の本質とプロセスについてのひとつの概念を彼らは表現したわけであった。インドでは、性と精神の領域における人体はたんなる細胞の集合ではなく、知識の道具であると考えられている。至福の経験をそれと認識するためには、健康な体、すぐれた体調が必要である。その観点からすれば、精液は光の源であり、太陽、あるいは「太陽精液」、すなわち全宇宙の創造者にも匹敵するものである。精液を子宮に放出するとき、実は太陽が放出されている。古代の文献はそう言っている。さらに、この太陽光は人の心の不滅の精神とも見なされる。真理を経験するヨーガ行者たちは輝く光輪に覆われた太陽精神を見る。神々自身が本質的に、太陽や月よりも明るいこの光からつくられたのだ。ヒンドゥー教のヨーガ行者や聖人たちの頭から炎が立ちのぼり、それが光輪となって体を包む。この発光体は、精液に光を生み出す力があってこそ生じうる。

発光するというのは、精液の自然にして根源的な状態であるが、情熱が生じると発光は「暗く」なり、それまで明るく上に向いて燃えていた場所でむくむくとした雷雲のような形になる。最後、オルガスムの瞬間にこの発光は下および外に向けられる。この外への流出を止めるために、インドの修行者は、人体、とくに女体を忌避する伝道の流れもつくった。のちに仏陀になった若い王子が世俗を捨てたとき、最後に振り返って彼の後宮を一瞥したというのは、たぶんその流れの最も印象的な挿話だろう。女性たちを描いているこの挿話は、この章の冒頭に書いた『ラーマーヤナ』の一節に基づいている。しかし、挿話としての調子は違っている。

豪華な服を着た美しい妖精たちが眠りに落ちた。楽器がちらかって、手からずり落ちている。太鼓を恋人のように抱いて、大口あいてよだれを垂らしている者、熟睡して歯軋りしている者がいる。寝言を言い、いびきをかいている。服がしなだれ落ちて、胸の悪くなるような裸が見えている。まるで象に踏まれて死んでいるように横たわっている。彼女たちはまるで風に吹き荒らされた蓮の池のようだ。

かくて、世を捨てることが女を軽侮することで始まる。

こうしてみると、インドには両極端があることがわかる。とどまることなくとことんまでゆく極端が二つあるのだ。ひとつは、初期の宮廷生活の性的エネルギーに対してあけっぴろげで感覚的な没入。これは母系的部族社会の遺産である。もうひとつは、精液を吝嗇に貯めて精神的能力を高めること。これはヒンドゥー教の精神主義の遺産だ。インド人のやったことは、この二つの極端を包含するひとつの神話、芸術、性衝動、精神性をつくることであった。

この両極端を最も充実した姿で具現させている神話の人物はシヴァ神である。瞑想しているヨーガ行者として描かれる彼は、山のように動じない。ヒマラヤの山頂に座している彼の体は死体を焼いた灰にまみれている。その精液は火の柱となって上昇し、その柱は全宇宙に放散してゆく。この光る柱は天地をつなぐ軸になる。ふさふさした黒い頭髪があって、その髪には非常に多量の性的エネルギーが変質したものが含まれているために、ガンジス川の青い波が頭髪から大きな滝のように落ちている。シヴァには額に三つめの眼があり、ここから修行で生まれる赤い熱の炎を彼は放射する。

ヒマラヤ山の娘である美しい女神と春の微風をともなって、性愛の神〔マンマタ〕がシヴァの山の庵におもむく。シヴァを愛でとりこにするためだ。シヴァを父にもつ息子だけが悪魔から世界を救うことができるとされていた。彼らは瞑想の至福に没入しているシヴァを見い出す。性愛の神はシヴァに恋の矢を放つのだが、シヴァの第三の眼からも灼熱の火の矢が放たれて、性愛の神を焼いてしまう。シヴァが独身を真剣に考えていることがはっきりする。

とはいえシヴァは抜きん出た性の道楽者である。結局はヒマラヤ山の娘である美しい女神と結婚することになる。彼女の豊かな胸は象のこめかみのごとくであり、彼女がシヴァとしっかりと抱き合うと彼女の体は灰で覆われる。彼は彼女と際限なく交わるけれど、彼の〈タパス〉でもって性愛の神を焼いて以来、決して精液は漏らさない。ある山の澄んだ湖の、石がごろごろしたほとりに、彼は瞑想でもしているように座っている。だが、彼は八千四百万の性の体位を案出しているのだ。八万四千だけを彼は人々に教えたのだが、妻さえあればそのうち七百二十九が実用になるものだった。あるいは、彼が聖なる「松の森」に入ると、そこに妻と暮らす偉大な聖人たちが深い瞑想をしている、という話もある。蓮の目をした妻たちと器量のよい娘たちはシヴァを見て、胸ときめかせて恋におちいる。情熱に身を焦がし、雄牛を追いかける雌牛のように彼を追いまわす。彼は野人のように踊り、彼女たちと好き勝手に交合する。

逆説のようだが、独身のヨーガ行者は、彼らが放擲している性活動そのものにおいて大いなる能力をもっている。大きすぎる愛に身を焦がしている女が、自分を充足させてくれる男を見つけられないという話がある。彼女は、自分を満足させてくれる男を見つけるまで裸になって世界を歩きまわるのだと言って、服を脱ぐ。この美しい女はある王様の宮殿に入る。宮殿には男たちがたくさんいて、ひとりヨーガ行者もいる。ひとわたり見わたした彼女は、ここには本物の男はいないわねと言う。ヨーガ行者が彼女に腰をかがめて、彼女を彼の家に連れてゆく。そして交わるのだが、それが実に技巧のすぐれたものであったので、何度もオルガスムを味わってへとへとになった彼女は、助けを求めて絶叫してしまう。シヴァの性的能力はさらに大きい。ヨーガ行者たちの王シヴァの精液は、ヨーガ的に静止した力の場に引きずられてかならず上に流れるのだが、そのシヴァはまた愛の熟達者であり、精液を決して漏らすことがないから、彼の妃といつまでも交わっていることができる。実際、彼の際限のない官能の戯れは彼のエネルギーを増加させるばかりであり、精液をいっそう強く上昇させることになる。

シヴァの強い力の視覚的形象はリンガ、つまり男根像であって、これがインドでは広く崇拝されている。紀元前三千年、二千年の古代インダス文明の時代からリンガ崇拝はあった。この時代のものである紋章には屹立した男根が描かれている場合がしばしばあるし、とくに角のある神と交合し、ヨーガのポーズで座っている紋章はシヴァの原型であるとされている。シヴァの流れる髪、古代の神の角は生命力としての性的エネルギーを表象している。蓄積され、精神力に変質させられたエネルギーである。

リンガ像には、さまざまな形、大きさ、素材がある。その最大のものはたぶん、ブラフマー〔梵天〕とヴィシュヌの神がある日、無限の空間のなかで、どの神が最高の神であるかを論じていて発見したものであろう。突然、二人は際限もないほど遠方まで届くかに思われるほど明るい柱を見る。二人はそれに発端か終端があるのか見きわめようと思う。ブラフマーは上昇し、ヴィシュヌは下降するが、炎の柱の発端も終端も見つけられない。そのとき、シヴァが輝きに包まれて現れて、この柱は私のリンガであると言う。さてさて、シヴァこそ最高の神であると二人は納得する。この話は、ブラフマーやヴィシュヌ崇拝者たちの間よりシヴァ崇拝者の間のほうで知れ渡っている。子供が砂の城をつくるみたいに、浜辺で砂のリンガをつくって拝む者もいる。木の切り株、古い倒れた柱の幹、氷のつららなどもリンガになる。たいていどの家庭にも、聖典に記されているとおりにつくられたリンガ像があって、香料、花、米、燈明、バターとミルクなどが供えられて拝まれている。宗派によっては、儀礼としての花嫁の婚前の破瓜がシヴァのリンガを用いて行われる。花嫁がリンガを挿入できるように石の上にしゃがむ。最初の性交が神を相手に行われ、その性交が、そののち夫とともに味わう歓びのひな型になる。

シヴァの妃もインドでは崇拝されている。彼女は、あらゆる存在の分子のなかにある女性的エネルギーをつくる場《フィールド》である。彼女は情欲にまかせてシヴァにまたがり、至福の律動に身をまかせる。その律動こそ創造の動きである。この二人を崇拝する人々は儀礼としての性交をかなり長く行う。彼らはまず瞑想し、ヨーガのポーズを取って心身を整える。その理由は、人体の感覚が最も研ぎ澄まされるときだけに、全き自己放棄が可能になると考えられているからである。

この儀礼の目的は通常の意味でのオルガスムではまったくなく、内的自己放棄なのである。両性はその放棄において自身の精神性を自覚する。こうして、性行為の全体が、通常のセックスを超越するためのひとつの手段に使われるのである。この儀礼としての交合が〈タントラ〉と言われる。普通であれば性器への刺激とオルガスムによって下方と外側に放出される性的エネルギーが、上方と内側に向けられ、そこで精神的エネルギーに変容される。インドの性愛では、性行為とそれで生じる体液は、かならず基底にある感情的な場に関連している。性的抱擁を、宇宙の最も精妙で強力な霊的である力に身をあずけるために用いる。それがタントラの目的である。精液は、精液がそこにさらされている感情的な場の法則にのっとって流れるとされる。情欲は精液を下に流すけれど、精神的愛は精液のエネルギーを、春の樹液のように上に押し上げ、心身を明るくしてくれる。

タントラは身体にある精妙で強力なエネルギーの場を活性化する。人体のなかに一個の精妙な肉体があるものとして経験される。それはほとんど太陽と地球の電磁気のようである。この精妙な肉体には数多くの回路があって、そこをエネルギーがとめどなく流れる。「幸福の富」と呼ばれる最も重要な回路は、脊髄の基底から頭頂に向かって輝く糸のように走っている。この回路にそってエネルギーを変質させる中枢が七つあって、それらはインド美術では蓮として描かれるのが普通である。脊髄の基底にある蓮には花弁が四つしかないが、存分に開かれた精神を意味する頭頂の蓮は千の花弁をもっている。脊髄の基底の一番低い蓮には、光の連なりのように美しい、とぐろを巻いたクンダリニーと呼ばれる女性のエネルギーがある。神々しく静止した彼女は三重巻きになって、しっぽを口にあててまどろんでいる。この休止しているエネルギーが目覚めると、立ち上がって、おのおのの蓮を通って上がってゆく。そのつど蓮はしなだれていた頭をもたげ花を咲かせる。この蓮たちは、クンダリニーが通過してゆく際のエネルギー変換装置であるから、強力なエネルギーの場が徐々に活性化させられ、性的かつ精神的エネルギーがどんどん高いところに引き上げられる。この内的図式は男女とも同じである。この考え方によれば、図式はまさに必然のものである。内的図式の微妙な生理を実感すればするほど、生活はますます充実する。こうして、蓮の道を開ける者たちは通常の性的区別を超え、心理的には両性具有的な考えをとることになる。

タントラはいくつかの方法を用いてクンダリニーを喚起する。ヨーガのポーズ、呼吸法、瞑想、性的合一はその方法である。蓮のポーズでは、足を組んで座り、足を腿に乗せる。このポーズは呼吸法と瞑想に最適とされる。リズムある深呼吸は自律神経系統の作用を整え、微細肉体にエネルギーを補塡する。クンダリニーを活性化させるための別のヨーガに、ムラバンダーというのがある。これはリズムをつけた呼吸をしながら直腸の括約筋を引き締めるもので、前章で述べた道教徒の鹿の行に似たものである。

クンダリニーを活性化させる最も強力な方法はセックスの抱擁である。この抱擁でエネルギーの場がつくられ、その場が性的エネルギーを最も昂揚した段階に押し上げる。この場をつくるのを助けるために、この儀礼の細部にいちいち細かい配慮がなされる。男女双方が心穏やかでなければならない。基本的なヨーガ、呼吸法、瞑想に通じていなければならない。この儀礼は、外から侵入されない遮蔽された場所で、しかも事情のいいとき、とくに満月のときに行うのが肝要である。普通にはこの際の女性は若い処女が好まれる。処女は霊的能力がいっぱいであり、男を微細なエネルギーの流れに乗せることができると考えられているからだ。

儀礼の第一段階は沐浴である。そのあと、女性は香りのいい油を塗られる。二人は足を組んで座り、顔を見交わす。まわりには花、燃えている香料入れ、ランプ、それに酒、肉、魚、あぶった穀物を盛った皿がある。皿の物が飲食される。この飲食物はそれぞれ正統的なヒンドゥー教では禁じられているから、儀礼でこれらを食することは禁断の誘惑の意味合いを帯びる。西洋の十代の子供が初めてタバコを吸うようなものだ。

男が、女神、つまりシヴァの妃の名前を唱えながら相手の体の各部にさわる。そうすることで、女はその個性を失い、儀礼として女神に変身させられる。男が女の右の爪先、脚、腿、陰部、臍の右、心臓、乳房、口、額とさわりながら彼女を称え、次いで、逆に左側を降りてゆく。それから、呪文を唱え、白檀を練ったものと花を捧げて、彼女のヴァギナを称える。

次に、男は性的合一のなかで光輪に囲まれている女神とシヴァを幻視する。花を捧げる。リズムをとって呼吸しながら、花と呪文でもって自分の陰茎を称える。女は男の頭上に両手をかかげて、わたしのなかに存分に体を入れなさいと命じる。二人はそれぞれ蓮のポーズを取って、女が男の膝に乗り脚を男の腰にからませる形になって抱き合う。二人とも座したまま動かず、体を無限の平安の海にどんどん沈めてゆく一方で、エネルギーは上昇させる。この抱擁では、性器のオルガスムは超越され、普通であれば放散してしまうエネルギーが全身に浸透するとされる。

これは理想愛《ロマンティック・ラブ》と言えるものではないことはたしかだ。理想愛では男女が互いにかけがえのない個性を大切にするのであるからだ。ここでは女性は、女性としてではなく女神として称えられ、結合が精神的レベルで行われるかぎりでは、女性が人妻であるか、まったく知らない人であるかはあまり関係がない。この種の抱擁の背後にある思惑は、微細な生理の構成的完璧を大切にして、野卑な肉体的世界、死と苦しみの世界から退却することである。タントラの結合がどれほど個を超えるものに見えるにせよ、道教の非個性的な性行動とはほとんど共通性はない。道教では、女性は女神と見られるどころか敵に見立てられるのであるからだ。手練手管の形の道教の性行動が、実際に交合をし性的エネルギーを牛耳ることで成立しているのに対して、タントラの結合はそうではない。タントラの結合はむしろ、瞑想に基づいた動きのない自己放棄なのであって、その放棄において、性的エネルギーは、意思と粗野な肉体的刺激の介在なしに自発的に動いてゆけるのである。タントラの抱擁において、微細さを増すエネルギーの場はその柔らかい織地を広げて、それによって結合が数時間にわたって深まり拡大してゆく。男性はあからさまな我慢をせずに精液を保留でき、男女とも大いなる安らぎと充足状態に置かれる。二人の微細な肉体はひとつの合一した場で溶けて交じり合う。

現実の蓮は陽が出てから花を開く。通常の交合は太陽のカッと燃える光のようなものだ。交合している間、蓮の女は相手に肉体を開く。だが、タントラの結合は春の夜に似ている。春の夜に微細な体のなかで蓮と言われるものが花を開く。それは「浅黒い人」の愛撫にまことたくさんの羊飼いの娘たちが身を完全にまかせたのに似ている。このとき、甘美の波が身体を洗い、魂の暗い岸辺はその波で燐光を発する。

5 場《フィールド》

物理学の教えるところでは、物体は場と呼ばれる目に見えないエネルギーに囲まれている場合が多い。惑星とか恒星のような質量の大きい物体は、重力場という微細な物質を保有していて、これはその本体の物体から外に出て無限に拡散してゆく。質量の大きい物体の空間における動きは、そうした不可視の重力場によって定められる。他の物体たちの周囲を軌道を描いてまわるのはその例である。羅針盤の磁場は地球自体の磁場に連動しているから、曇天でも航海士は航路を維持できる。見てきたように、古代中国、古代インドでは、人体のなかにある生命的・情動的・精神的な場を用いて、人の愛を発展と内的充実の方向に導いた階層があった。

物理学もまた、電磁気力は宇宙にある四つの基本的な力のひとつであり、絶えまなく踊っている、原子のなかの電子と陽子を束ねる力であることを教えてくれる。人体のなかに生体電子が絶えず流れていて、この流れが全身におけるひとつの生体電子の場をつくる。この場は無限に拡散していて、地球や月の電磁気の場につながり、最も遠い星雲の電磁気の場にすらつながっている。西洋で近年そういう研究成果が発表された。しかし、この生体電子の場というものは西洋の科学者にはほとんど同意を得られていない。この研究は一九七〇年代になってようやくまともに取り組まれ始めた。だが、中国文化とインド文化は何千年も昔から、人体組織の全体にエネルギーの場が及んでいることを認知し、またそれを体感してきたところだ。この二つの文化はまるごと、この場との睦まじさにのっかっている。そう言ってもあながち過言ではない。

遠い昔、中国人は、身体のさまざまな器官はそれぞれに対応するエネルギーの場をもっていると考えた。これらのエネルギー場は互いに織りなされてひとつの統合された全体になり、この全体が人体組織全体を調和よく機能させることになる。経絡という回路にそったツボを刺激することで、エネルギー場は動かされる。中国人が〈気《チー》〉と呼ぶエネルギーは経絡を通って流れる。

健康体であれば、〈気〉は際限なく循環する。病はその流れをなにがしか阻害する。つまり病気になると、器官によってエネルギーが過剰になったり不足したりするのである。一日の特定の時間、特定の季節において、さまざまな経絡のなかにある〈気〉が最も強いのが自然のありようである。このエネルギーの性質を解明する試みはいろいろとなされてきたし、近年の研究では、経絡はまわりの組織とは異なる電子的性質をもっているという発表がなされている。

中国人は〈気〉の流れの変化に非常に敏感である。〈気〉が豊かであれば、目が澄んで眼光鋭くなり、才気ほとばしり機敏になる。電流が流れて電磁気の場ができるように、〈気〉が流れると個人の磁気と生命力の流れが発生する。〈気〉が整っていれば、声は柔らかく明瞭だ。だみ声は〈気〉が乱れているか、エネルギー過剰であるかのしるしである。かぼそい声は〈気〉の欠如。血色が良くて、しみがないのは〈気〉の状態がいいから。冬には、〈気〉はもろもろの器官と身体の核に結集し、夏になると頭と皮膚に近いところに多く集まる。晴天・曇天時の気分が〈気〉に影響するし、大気の不安定、雷雨も影響が大きい。

古代中国の芸術、科学で〈気〉の流れを無視した例はまずない。医術、マッサージ治療、武術、瞑想、呼吸法、舞踏などは〈気〉を大いに利用した。絵画、歌唱、詩歌、調理、あるいは豚の屠殺などの下賤とされた仕事ですら、〈気〉の循環とその費消が必要なのだ。したがって、芸術と科学とを分断したり、芸術・科学を日常生活から分断するのは非常にむずかしい。

武術が格好の例を提供してくれる。唐や宋の時代から、中国には徒手空拳の闘技に二つの派があった。北方の、理解するのに平易な伝統と南方の難しい伝統である。北方派が仏教系であるのに対して、南方の武当派の伝統は道教系であって、だから服従の原理に乗っている分、こちらのほうが柔軟であった。空手の実技を見たことがある人なら、攻撃的な武術だなと思ったことだろう。烈しい攻撃を重視し、突きと蹴りを遣うために、空手は「硬の」武術とされ、北方系ないし仏教系の派に由来する。柔道には、突きや蹴りは遣わず、相手の押してくる力に身をまかせて、相手のバランスを崩して投げる基本があって、その柔道は、南方の道教系に由来する「軟の」武術である。相手を想定して行う太極拳は現在の中国で非常に人気があるが、これも南方系である。この武術は武当山という山間の寺院で遠い昔に創始された。現在の中国では、〈気〉が最も横溢している早朝に、たくさんの中国人が公園で、ゆっくりした優雅な動きの踊りを行っている。太極拳はまた、精神を静める古代の瞑想の形でもあった。また、心おだやかに深呼吸する呼吸法でもある。しかもこれは予防医療である。太極拳を行っている間、〈気〉が経絡を循環するからだ。その上、これは舞踏のあらゆる優美さをそなえている。護身術としての武術の側面もある。こうして、武術の達人、寺院の踊り手、はり治療士、性の錬金術師、隠遁する聖人が一致して〈気〉というエネルギーを遣って、経絡のなかにそれを循環させるすべを習得し、それを人の歓待、治療、交合、瞑想、護身に応用することになる。一本の経絡のある一点が、武術の達人に攻撃され、恋人に愛撫され、治療士にマッサージされる。その彼らが一致して承知しているのは、その一点が身体を制御する広大な内面の場に入ってゆく大切な入口であるということだ。

生物学的作用の多くは日常のリズムにのっとって生じる。それが現在の西洋の生物学者の認識である。たとえば医者は、どの器官も独自の周期をもっていると認識している。病気の器官は一日のある特定の時間に悪化するのだ。パーキンソン病患者の場合、夕方にまったく症状は表れなくとも、普通は夜間になると喘息の発作が出てくる。発熱や体温は夕方から上がってくる。こういう例はいくらでもある。ところが、中国人たちは何千年も前にそうしたことを知っていたのだ。肝臓が悪い人も午前中には症状が表れず、午後になって痛みがだんだんと増し、夜の十二時に治まる方向に転じることを知っていたのである。器官にある〈気〉、器官の経絡にある〈気〉の強さが時間によって異なるからそういうことになる。中国人たちはそう考えたわけだ。人体のエネルギー場は、地球という惑星のエネルギー場の細かな変動に感応する生物時計として動く。中国人はそう考えた。

西洋医学が、主として病状が表れてからその治療にあたるのに対して、中国医療は、体のエネルギー場に体を触れさせることで病気を予防することに主眼を置いている。このエネルギーが強く流れていれば、どんな病気も寄りつけるものではない。病気の予防のために微細なエネルギー場を相手にするというのは、道教徒が武術において身を相手にあずけてしまうのにかなり似ている。相手にまっすぐ向かってゆくのでなく、体の強力な場を賢く使って相手の攻撃を封じる。しかし、身をあずけることでは、性行為におけるように、「道《タオ》」という宇宙で最も柔らかいものに身をあずけることが最高の価値になる。古代中国のある医療文献が述べているのだが、「全宇宙の根本原理である道のなかに陰と陽が含まれている。陰陽は森羅万象とその生成を生み出す。道は開始であり終端である。つまり生と死である。道は神々の寺院のなかに見い出せる。病を癒したいなら、この根本原理に気づかねばならない」。心を道に調和させて、すべての経絡のバランスを整える。病気になると、はり治療の治療範囲は大きくなる。しかしその場合でもやはり、全身に強い活力を溜めこみ、病気が体に入ってくるのを防ぐのが治療の主眼である。だから中国のはり治療士は、患者が健康を保っているかぎりにおいて治療費をもらっていたのである。患者にはりを刺さなければならないということは、患者がすでに道からかなり離れてしまっていることにほかならなかった。

とはいえ、たんに健康にとどまるだけでなく、不老不死が道教徒の究極の目標だった。西洋人が電子生体と呼ぶあの微細な生理学は進化することができる。道教徒はそう考えた。太極拳、マッサージ、深呼吸、はり治療、交合することでエネルギーが経絡のなかを循環できる。しかしこれは発端でしかない。健康体においてエネルギーが内部循環するのは、精神的成長の基本になる。性的エネルギーは瞑想によって脊髄を通って脳に引き上げられ、体の前部を通って引き下げられ、また脊髄から引き上げられる。この内部循環は、ほかの経絡を通る場合よりも微細なものである。最後に、実践者の霊体が頭頂から肉体を出てゆく。ひとりで行う瞑想とともに、いくつもある性の技法もこの目標を達成するために用いられる。この微細な生理学とそれの性への応用は、精神的完成にいたるはしごのようなものである。この二重の修養の技巧において、男女とも瞑想をし、身じろぎせずに性的な抱擁をする。そうすることで、エネルギーを二人の体内に生じさせて、体を「超越的に」し、健康な長生を得、ひいては不死を得る、という考えがあったわけだ。

インド文化もまたこの微細な生理学に多大の関心を寄せた。インドでは、七万二千の回路〈ナディス〉があって、ここをプラーナと呼ばれるエネルギーが流れるとされた。プラーナは中国の〈気〉と同じものである。〈気〉もそうだが、プラーナも早朝の空気と精液に最も豊富にふくまれている。正しい呼吸と性的ヨーガの技法によって、このエネルギーが身体を循環し、健康と長生が保証される。中国人と同じくインド人も、微細な生理学によって、人の進化の方向は内向きであると考えている。彼らも、一本のエネルギー回路が脊髄を通って脳に走っていて、脳でエネルギーが精神力に変容されると考えている。主観的で精神的な世界を体験することが人生の目標である。性と微細な生理学はその目標を獲得するためのはしごだ。精妙な身体的体験をつぶさに述べた人に、インドの神秘主義者ゴーピ・クリシュナ〔一九〇三年生まれ〕がいる。以下紹介するように、彼は古典的なインド的視座からその目覚めを記している。

「一九三七年のクリスマスから元日にかけてのある朝、インド北部のジャム・カシミール州の冬の州都ジャムの郊外にある小さな家。その家の狭い部屋で、私は足を組んで座っていた。顔を東の窓に向けて瞑想していたのだ。その窓から、ゆっくり白んでくる黎明の最初の白い一条の光が部屋に飛び込んだ。昔から修行はやっていたから、何時間も同じポーズを取っているのには慣れており、ちっとも苦痛はなかった。座したままゆっくりリズムをとって呼吸し、意識を頭頂に引き寄せ、蓮の花が光を発しながらいっぱいに開くのを幻視した。

背筋をまっすぐにして身じろぎせずに座ったまま、思念を絶えず明るい蓮に集中させ、意識がさまようのを妨げ、意識がそちこちに動けばそのつど引き戻すことに没頭した。思念の集中が強いので、呼吸が乱れた。呼吸回数が次第に少なくなってゆき、ときとしてもう呼吸としてはほとんど感知できぬほどになった。私の全存在が、蓮を幻視することに集中されて、数分間ほど、意識が私の肉体とその周囲から遊離することが何度かあった。

遊離している間、意識のまわりに肉体があるという感覚がまるでなく、自分が中空に浮かんでいるような感じであった。自分にそれと認知できる物は、光を発している輝かしい色の蓮だけであった。規則正しく十分な時間をとって瞑想を実践している人ならたいていは、これと同じ体験をもったはずであろう。だが、その運命的な朝、私にそのあと起きた事態、私の人生の方向と人生の様相をまるごと変えてしまったその事態はまこと希有のものであったはずだ。

強い集中を続けていて、突然、脊髄の基底の下、尻が床に触れているところにかつて感じたことのない感覚を覚えた。床に毛布を広げた上に私は足を組んでいたのだ。その感覚はとてつもなく甘美だったので、意識が強くそこに引き寄せられた。

引きつけられたその点から、また不意に意識が引き離された一瞬、その感覚が消えた。その感覚は、精神集中を緩めるために私の想像力が投じた錯覚なのだ。そう考えて、そのことを放念して、意識をもとのところに戻した。再度、蓮に意識を固定させて、その幻視が頭頂でくっきり明瞭になったとき、またあの感覚があった。

今度は、意識が動かされないように努め、数秒間はそれができたのだが、上に広がってくるその感覚は、生まれて初めて経験するようなとてつもなく強力なものであったために、意識は私の自制をふりきってその感覚のほうに動いた。と、その瞬間またその感覚は消えたのである。たぶん毎日の瞑想の実践がその原因となって、なにか異常なことが起きたのだ。そう考えざるをえなかった。

瞑想から生じる大きな霊験を、ヨーガ行者が瞑想をして体得する奇跡の力を記述する白熱した、その道の専門家の文献を何冊も以前に私は読んでいた。心臓がものすごくどきどきし始め、意識を集中させて瞑想しているのは無理だと思った。しばらくすると落ち着いてきて、前と同じほど瞑想に没入できるようになった。完璧に没我の状態のとき、またあの感覚を覚えたが、今度は、固着している部分から意識を離れさせせず、終始、意識を不動のままにしておくことができた。

その感覚が感度を強めながら、また上昇してきて、意識がぐらつく思いだった。だが、そこはぐっとこらえて、意識を蓮に集中させていた。と、突如、滝のような轟音とともに、一条の光が脊髄のなかを脳に流れる感じがした。

そういう推移にまったく心の用意がなかった私は、心底うろたえてしまった。だが一瞬のまに我を回復して、同じポーズを保ち、集中すべき点に意識を向けた。光がどんどん明るさを増し、轟音がいよいよ大きくなるなか、体が揺れるような感じがし、自分が体から抜け出るような気分に陥った。全身が光輪に包まれて抜け出るような気分だった。

その体験をつぶさに述べるのは無理である。私が私としてとどまる意識の臨界点が、光の波に包まれていよいよ拡大する感じがあった。意識はどんどん拡大し、外に広がって行った。一方で、普通には意識の直接の認識対象である肉体がどんどん遠くに後退し、ついに私は肉体をまったく意識できないまでになった。

そのとき私は全身これ意識になった。輪郭、形状をいっさいもたない意識、肉体の付属物だという概念がまるでない意識、五感から生まれる感情なり感覚をいっさいもっていない意識、点という点を認知しつつも、同時に光の海にたゆたっている意識、これは前の状態のときと同じだが、障壁も障害物もないから四方八方に拡散している意識。そんな意識に私がなったのだ。私は私でなくなった。もっと正確に言えば、私が私だと思っていたその私でなくなった。つまり私は、ひとつの肉体に限定されている、意識をもつ小さな一点ではなくなり、肉体をひとつの点として含むような意識の大きな円になったのだ。光を浴び、筆舌に尽くしがたい昂揚と歓喜の状態にある大きな円の意識。

どれほどの時間が過ぎたのだろうか。この円が小さくなり始めた。自分が縮んでゆく、どんどん小さくなってゆく感じがして、ついにはまた自分の肉体をぼんやりと、時間とともにはっきりと自覚するようになった。はっきりと前の状態に戻った刹那、街の騒音が聞こえ、また、自分の手足、頭を触れて感じることができるようになり、再度、私の小さい自我はわが肉体に包まれ、その肉体は周囲に触れている状態になった(9)」。

ほんの数年前まで、西洋ではこうした体験は絵空事のものと考えられていたはずである。しかし最近では、西洋人もあたりまえのように瞑想しており、こうした体験もかなり頻繁に起きているようだ。しかし、西洋科学は、人体の生体電子の場《フィールド》をようやく昨今理解し始めたばかりであって、もっと微細である感情と精神の場については事実上、無知である。生体電子の場は精神の場で織り成されているというのに、である。人体を、主観の眼で内側から見る傾向である東洋の科学者とは違って、西洋の科学者は人体を外側から研究する。西洋医学では、過去二、三百年間、人体を化学的にとらえるか、電気的にとらえるかの論争が行われてきた。ギリシャの時代など初期の西洋人科学者は、中国人やインド人と同じく、人体はなんらかの生命力によって動かされているにちがいないと考えた。その生命力は電気であろうとする科学者が多かったのだが、一八六八年ドイツの科学者ジュリウス・ベルンシュタインが、神経インパルスは基本的に化学的な相互作用であるとする理論を発表した。このニュースが流れたのは、パストゥールがバクテリアで伝染病になることを発見し、クロード・ベルナールが消化とエネルギー消費が基本的に生化学的なものであることを発表したのとほぼ同時期であった。こうして、生命が化学的基盤をもっているというのが盤石の考えになった。

ところが一九〇〇年ごろには、物理学の分野において電気が名乗りを上げた。電話、電球、ラジオがまもなくどの家庭にも入ることになる。電磁気エネルギーが生み出される、伝送される、受け止められる、変換される、といったさまざまな形で利用されるようになった。そのことで、電磁気の環境が急に汚染されることにもなった。そういう事態になっても、台頭してきたエネルギーを利用する会社、製薬産業の支援を受けた科学者たちは、電気が有機体においてなんらかの役割をになっていることは認めようとはしなかった。だが、実験が行われないではなかった。頭を強い磁場に入れると、光が見える感覚がある。動物の頭に通電したり止めたりすると、動物は昏睡状態になる。精神分裂症のための電気ショック療法が発見される。脳波計がつくられて、脳の電子波が計測されるようになる。しかし一九二〇年代になって、科学者たちは、神経間の伝達は化学的なものだとするベルンシュタインの理論を正しいと認めた。電気は生物学ではなんの役割ももっていないとなった。体にゆき渡っているより微細な生体電子の場に留意さえすれば、生化学としての身体が健康になる。そうであれば、大きくなりつつある製薬産業にとっては死活問題になるわけであった。

電磁気と生命の間の関係を探るまともな研究が西洋でなされたのは、ほんのつい最近のことであったが、しかしそれで発見された事実はまこと刺激的なものであった。アメリカの科学者ロバート・ベッカーは、生体電子の研究の最新の成果をいくつも記録した『電気の人体』という本を最近公刊したが、その彼が、人体のすみずみまで絶えず電気が流れていると述べている。この流れは、それまで神経組織の電流として知られていたものとは異なるのであるが、神経組織にかなり全般的な情報を届ける流れであるらしい。この流れは人体全体に及ぶものであるから、中国の経絡やインドのナディスのように、全身に及ぶ一貫したひとつの場、器具で検出できる場をつくる。身体内部にある何千という生物組織をひとつの統一ある全体に統合しているのが、ほかならぬこの場であると考えている科学者も現在いるのである。

電磁気体としての身体の発見は、生物学に大きな影響を及ぼすであろうし、われわれとしても、環境、医療、性についての考えを見直さざるをえなくなるだろう。当面考えなければならぬ重要な問題は、われわれの電磁気としての体は、自然環境、人工の環境双方に存在しているほかの電磁気の場とどう関係しているのか、ということである。中国人たちは〈気〉に対する環境による影響に大きな関心を寄せた。雷雨の際に交合、はり治療を行うと〈気〉の流れが阻害される。〈気〉が「ぴくぴく」してしまう。そう中国人たちは言った。西洋人は地球に磁場があることを知っている。この場は、一日における変化から何千年のスパンで起きる劇的な変化までのもろもろの変化に影響を受けているということが最近発見された。何千年の間に北極と南極が入れ替わるというのだ。地球の電磁場も、太陽、月、星雲の電磁場の影響を被る。地球の表面と電離層の間の空間はひとつの空洞、反響をつくり出す巨大な部屋である。ここで電磁波は、百分の一ヘルツから二十ヘルツの地磁気微脈動に連動している。稲妻はあらゆる周波数の電磁波を放出するのだが、電離層の空洞までの範囲にある電磁波だけは残存し、その電磁波は北半球と南半球の間を反射して行き交い、最後に消失する。

最近の理論では、地球に生命が誕生したとき、地球の電離層の空洞が大気圏のなかに複数の強力な電磁波を生んだという。これらは十ヘルツの周波数で振動した。それで、この周波数がその最初の生命の分子に刻印された可能性がある。そう考えれば、この周波数が人間を含む多くの動物に共通していることの説明がつく。現実に、瞑想しているときにこの周波数が突出して多くなるのである。

生物の周波数の多くは自然界の電磁気力に影響される。鳥、蜂など多くの動物は、地球の電磁場を羅針盤に使って移動する。カキが満潮時に殻を開いてえさを捕ることは知られている。どうやってカキは満潮を知るのだろうか？ 水がかかってくるのを待って殻を開くのか？ カキを実験室の海水に入れて、温度、照明を一定にしておくと、やっぱり潮の満ち引きに同調して殻を開閉する。さらに、海岸から何千キロも離れた内陸にカキをもって行っても、やはりカキのいた海岸の干潮に同調する。しかし、二、三週間たつと徐々に変化をみせる。その内陸の住みかに海があり干潮があるような想定のもとに殻を開閉するのだ。こうしてみると、カキたちは、月の満ち欠けが原因となって起きる地球の電磁場の変動を読み取ることができるのである。人間を含むほかの多くの種は、地球の通常の電磁場のリズムと連動している生物学的周期をもっている。じゃがいもの酸素消費から人の血流におけるリンパ球レベルまで、広範な現象が電磁場の変動に影響を受けているのである。

さて、人間が自然界の電磁場から離れたときはどういうことになるか？ ある実験で、体内の生物時計が昼夜の周期にだけ同調できない真っ暗な部屋にひとグループの人を入れ、もうひとグループはあらゆる電磁場から遮断されている真っ暗な部屋に入った。そして、日常のいろいろな体内生物周期が計測された。体温、睡眠、新陳代謝などだ。前者、電磁場から遮断されていない人々の周期は基本的には日常のそれを維持した。日々の昼夜の交替によって時間感覚を保つ手立てがいっさいない被験者たちであっても、ちゃんと日常の周期を維持したのである。彼らの体内の電磁場が人体のことを覚えていて、それを活性化させていたのであった。

ところが、自然の電磁場から遮断されていた人たちはすぐに周波を完全に混乱させ、体内リズムと日々の通常のリズムとの関係をいっさい失うことになった。十ヘルツの人工の電磁場を部屋につくると、被験者たちの生物リズムは通常に回復し始めた。つまりは、人体の電磁場はアンテナとして作用して地球の電磁場に同調し、地球の電磁場は、太陽、月、星雲の電磁場に同調していることになる。すべての高等哺乳動物の脳波には十ヘルツの周波があり、とくに瞑想している際にはその周波が顕著になるのだが、その点は記憶しておくべき重要なことである。

地球の電磁場の微細な変動が一種の時計となって、体内の新陳代謝、成長、生殖など無数の生物周期に動きのきっかけを与えるのだ。電磁場の「スモッグ」が地球環境の最も汚れた様相である。地上に生命が誕生してから二十世紀の初めまで、地球の電磁場は自然界の電磁場だけだった。それが、一九五〇年代になると、人工の電磁場のほうが優勢になった。合衆国において、人を拒んでいる森林は別にして、使われている人工の電気、人工の磁気の比率がさほど大きくない環境を見つけるのはむずかしい。テレビやラジオ局、携帯電話、マイクロ波アンテナなどの近辺、テレビ、コンピュータ、電気毛布、電子レンジ、電灯などの製品の付近では、その比率はいっそう大きい。通信衛星からの放射エネルギーにもわれわれは身をさらしている。十九世紀までの人々に比べて、現在のわれわれは、二億倍の量の電磁場に身をさらしている。合衆国には全長五十万マイルの送電線がある。九百万台の送信機と中継器、三千万台の市民無線機、二十五万台のマイクロ波通信機、一億二千五百万台のテレビ、八百万台の電子レンジ、一千万台を越えるコンピュータがあり、レーダー、ミサイル誘導装置、通信装置といったおびただしい軍事装置がある。電子ゲーム、ガレージドア自動開閉器などなど、電磁気を汚染する無数の器具がある。

ソ連は一九三〇年代から、生体への電磁気の影響を調査してきた。一九八二年までで、合衆国における身をさらすレベルはソ連のそれの一万倍高かった。現在は一千倍である。以上の事実による、アメリカ人の健康にとっての危険はまさに切実である。モスクワの合衆国大使館は十四年間マイクロ波信号をたっぷり浴びていた。この十四年間において、大使館つきの人々と動物の白血球は正常の四〇パーセント増加していた。血球異常と診断された三人の子供が合衆国に帰国しなければならなかった。ある大使が辞任したのだが、それは珍しい血液の病気と眼底出血が彼にあったからだった。彼の前任者の二人は癌で死亡していた。大使館関連の十六人の女性が乳癌になった。とはいえ、ごく普通の電子レンジ一台からでるマイクロ波の量は、モスクワのこの大使館における最大量より多いのだ。

そういう環境にあって、ひとつの有機体はきわめてたくさんの電磁気信号をどうやって仕分けをするのだろうか？　それは不可能なのではないか？　とくに、電磁気の「スモッグ」が大量に集中する都会では不可能ではなかろうか？　その「スモッグ」に身をさらすと、電磁気体としての身体にある統合してゆく機能が侵される。というのも、自然環境から発せられる新鮮な電磁気信号に依存して、無数の生物学的プロセスに同調してゆくのが電磁気体としての身体であるからだ。高圧の送電線の近くに住む人々には、自殺と幼児癌が多いという報告がある。人工の電磁場は心臓血管に限って影響を与えるという研究もいくつかある。レーダー、無線送信所、テレビ局、その他さまざまな電磁場関連の産業界に勤める人々が、心臓血管、内分泌系、血液栄養素系、神経系統に異常をきたすケースが多くなるかもしれない。電磁場によるこの病弊は、田舎に移るから治るというものでもない。ソ連の内陸深くのキエフに世界最大パワーの無線送信所があるが、そこから発せられている電磁気信号による汚染を、オレゴン州の住民ですらが被っている事実がある。合衆国も電磁波戦についての研究をしているはずであり、そんなことはあるまいと考えるのは愚直にすぎるだろう。

電磁波を放射する人工の装置の多くが、人体が依存している自然の電磁場への、その人体の感度を鈍麻させるのであるが、かといって自然の電磁場だからといって、そのことごとくが生命に対して良好な影響を与えるというものでもない。たとえば、太陽の磁気嵐によって、人間の精神異常のきざしが表れてきたり、免疫反応が低下したりする。しかしながら、人工の電磁場のことごとくが悪さをするというものでもないことは言い足しておかねばならない。ほかに治療方法のない骨折を治すのに特別な電磁波が使われているというような事実があるのだ。まあいろいろあるのだが、電磁波によって人体が統合するのを確実にするのに最も効果的な手段はやはり瞑想なのである。地球上の生命形成に張りついているとされる十ヘルツの周波数（十ヘルツがすべての動物の主要周波数である理由、動物が十ヘルツに極度に大きな反応を見せる理由がそれで説明される）。瞑想はその周波数に深く関与するのだ。瞑想することによって、地球、月、太陽の自然の電磁波信号から遮断されている人間の二十四時間リズムが正常になる。人工の放射、つまり自然とは逆の放射による不調に対して免疫性があるような、電磁気によってつくられる統合性。それを維持する手段を、瞑想は身体に与えてくれる。

さて、動物はほかの動物の電磁場によってどう影響されるのだろうか？　動物はすべて十ヘルツの脳波を出している。そしてある条件下で、この脳波は異種動物間コミュニケーションの手段のような働きをしている可能性がある。最先端の脳波研究のなかに、アイオワ州フェアフィールドにあるマハリシ国際大学で行われたものがある。意識が昂揚して創造的になるレベルにいたると、脳波の安定性が向上する特徴が出てくる。同大学の研究員たちがそういう発見をした。集団で瞑想している被験者グループの規則正しい脳波が、まわりにいて瞑想をしていない住民たちの脳波の安定に寄与したらしく、病気、犯罪、事故が激減する結果が実際に出たのである。こういう研究はまだまだ揺籃期にあるわけだが、防衛当局が行っている電磁波戦に取って代わりうる、知的で頼もしい手段があることをこの種の研究ははっきり示している。

道教徒の防衛戦略は、微細な場《フィールド》を活性化させることに依拠している。現代のゲリラ戦術は、住民の「心と魂」に訴え、それによってゲリラ活動への支援の、強い心理的な基盤を築くことに主眼を置いている。瞑想をする、とくに集団で瞑想をする人々は電磁気の汚染から自分を守るだけでなく、彼らの脳波によって、平安で創造的で秩序だったひとつの場を現に生きいきとさせているのである。そして、その場は積極的で微細な形で他人の心と魂にかかわってゆく。古代の道教の聖人たちなら、戦闘は、この微細な場が瞑想によって活性化されている場所ではなく、それ以外の場所でのみ行われうるのだと認めたことだろう。

二人以上の人が近寄りあって瞑想をすれば、彼らはひとつの強力な電磁場をつくることができるだろう。その場は相互を高め、純化し、しかも地球と宇宙の自然界の電磁気の流れに同調するための電磁気アンテナをひとつつつくり出すだろう。男女ひとりずつが体を接近させて沈思、瞑想をしても、二人がつくり出す脳波の周波数は、ひとりの瞑想で生じるのと同じであろう。しかし、二人で生み出す電磁場は、ひとりびとりの瞑想で生じるそれよりずっと強力なものになるはずだ。そこにはたぶん、科学がまだ発見していないほど強力な、それでいて微細であるエネルギー場が生じて、男女二人はそれを享受することだろう。

こうして、最近のいくつもの科学的発見は、中国人、インド人たちの経験から出てきた考えを立証することになった。男女ひとりびとりのなかにひとつの力があって、性交の際にそれが発動されるが、そのエネルギーに身をまかせてしまうことで、健康と精神的な啓示を獲得できる、という考えが立証されたのだ。しかし、生物学者たちによるこれら最近の発見も、西洋の性愛学にはまだ取り入れられていない。性生活を聖なる行為として行うためにはセックスの聖なる価値――とその価値が具現化された生活――を理解しなければならないが、それができない西洋人の精神構造。それこそは西洋人の精神を、西洋より成熟した中国、インドの伝統から隔てている分厚い壁にほかならない。伝統の強い文化では、セックスは聖なる行為であり、生命の精髄そのものや生命の秘密と交感する行為である。道教徒やタントラ行者は、性的抱擁は世俗の性行為とはまったく別のものだと常々断言してきた。とはいえ、彼らの性の儀礼は、理解するにはかなり複雑で秘儀的であるため、現代の恋人たちが気楽にそれを拝借するわけにはいかない。たとえば、性の主題についてはほんのちょっぴりほのめかし程度にふれ、あとは延々と難解な思弁的問題を論述する。そんなタントラ関係本はおびただしくある。タントラは古代の伝統から枝分かれして発生したのだが、その古代の伝統が、重々しい宗教的・哲理的思索に満ちみちていて、本来もっているその活力が隠されることになっていた。欧米にもタントラの導師はいるけれど、彼らの教えはヒンドゥーの教義に重々しく覆われているために、信者たちを性愛よりも数珠や香に関心をもたせる結果になることが多すぎる。西洋人自身の性の考え方をヒンドゥー教化することによっても、またヒンドゥー教ないし道教の性の考え方を西洋化することによっても、精神的な性の奥義には参入できないのである。

真性なる性的かつ精神的合一を西洋の土壌において展開させたいならば、それは西洋独自なものとして発見されて、それがその宇宙的な根源の状態——恋人たちの抱擁——のなかで無垢なまま成長してゆくのでなければならない。しかも、西洋人が、東洋人の古い実験から学ぶことはあるだろうけれど、それを模倣する誘惑に流されてはならない。模倣したところで、せいぜい外面的な飾りをまねることで終わってしまう恐れがある。

幸いなことに、西洋でもこの分野での考察がないでもない。十九世紀半ばに性的かつ精神的合一の技巧をアメリカ人のジョン・ノイズ（八）が提唱し、のちにその技巧を一般に普及させた。これを彼は「カレッツァ」（karezza）（レにアクセントを置く）と名づけた。「愛撫」の意味のイタリア語「カレッツァ」（*carezza*）にちなんだものである。この技巧を実行する男女は、（何年もの倦怠のあとの）相互の聖なる愛、すばらしい歓喜の感情、光輝、長時間続く法悦、といった深遠な精神的経験をもつことから始めて、長い時間にわたる性交に移った。カレッツァについての本が何冊か書かれ、たくさんの男女がそれを実行した。だが、ヴィクトリア風の上品好みに邪魔されて、この運動は堅固な足場を築くにはいたらず、しまいには、ほとんど忘れ去られてしまった。

カレッツァがアメリカで発見された、その発見の仕方は性衝動についてのものの考え方が重要であることを十分に証明している。というのは、古代中国人の女性に対する考え方とは正反対に、カレッツァは妻に対するひとりの男の変わらぬ深い愛の結果として生まれたからだ。一八三八年、ジョン・ノイズは美しい女性と結婚し、四六年までは普通の性生活を営んだ。その八年間に、彼は性交という問題を研究しカレッツァの原理を発見するにいたった。発見自体は、悲しい出来事があって、向こうからやってきたのである。妻は六年間に五人を出産したのだが、四人は未熟児出産で死亡、ひとりだけが生きた。これがきっかけとなって、彼は性衝動の研究を続けることになった。四人目の死亡のあと、彼は妻に二度とこのような悲しい思いはさせないと約束する。その約束を破るくらいなら、妻と別れたほうがいい。そう彼は心に決めていた。

それが一八四四年の夏。性器には社会的機能がひとつあり、それは生殖機能とはまったく無縁であり、その二つの機能は有益性と実用性の両面で分離できるのではないか。彼はそう考え始めた。ノイズは、その考えを念頭に置きながら行為を行うと、夫婦とも性感がはなはだしく増大することに気づく。この発見をある知人に話し、その知人も同じ経験をする。その後二年間に、ノイズはこの理論をいっそう磨きたてて小冊子として刊行する。のちに、性交のこの方法を実践する共同体を彼はつくり、成員たちの結果を綿密に研究した。カレッツァを適切に行うならば、生のあらゆる側面からみて本物の利益がある。そこに例外はない。彼はそう確信する。

ノイズの理論を見てみよう。人間には磁気の力があって、それが性交のときに交換される。この力を彼は「交流的磁気《ソウシャル》」と名づけた。男性の性器は二つの別々の機能——排尿と生殖——をもっていると一般には考えられている。だが、実は三つの機能——排尿、生殖、性愛——をもっているのであって、だから、男性性器は交流的磁気の導体である。そう彼は言う。性愛の機能は生殖の機能とは別物である。それは生殖機能が排尿機能とは別物であるのと同じことである。厳密に言って、生殖器としては、男女合一のための器官とは生理学的に別物である。男性の生殖器である睾丸と女性の子宮は、合一のための器官とは別個のものだ。男女の性的合一には尿の放出は必要ないが、精液の放出も必要がない。ノイズにとって、性交の目的は性器を結合させて動かず、磁気力を交換させることであった。この点が非常に重要である。精液の放出とそれにともなう快感ならマスターベーションで済むことであり、二人いなくてもいいわけだ。しかし、磁気力の交換は本質として交流的プロセスである。ノイズは、カレッツァには性交の歓喜を飛躍的に増大させる力があると言う。

ノイズの考えが発表されたのに続いて、合衆国最初の女医のひとりアリス・バンカー・ストカムがカレッツァの技巧を彼女独自に研究して、『カレッツァ——結婚の倫理』を刊行した。あの時代特有の古風な文章で、彼女は技巧を簡潔に述べている。

疲労がなく、心の乱れもない状態で、定まった時間に、全身で接触しながら愛の表情を示し、性器による、完全ではあるがしかし静かな結合をしなさい。かなり長く完全に制御をしていると、全存在が相手と融合し、めくるめく歓喜が訪れる。一時間もすると肉体の昂揚は静まり、精神的な昂揚が募り、ごくあたりまえのように、超越した生が幻視でき、新しい力が湧き上がる心地がするのである。(10)

しかし、カレッツァがまともな研究対象に取り上げられるのは、二十世紀初頭における、アメリカの医師フリードリッヒ・フォン・ウルバンの研究を待たなければならなかった。彼の研究は三十年以上の長きにわたった。研究成果に科学的な立証をつけられないという理由で、彼はそれを発表するのを躊躇した。カレッツァは日常生活でも完璧な効果を示すことを彼は認めたのだが、にもかかわらず公表については二の足を踏んだのだ。ようやく刊行した際、カレッツァを行っている間のエネルギーの交換を呼ぶのに、彼は「電気」、「電流」という言葉を用いた。しかも彼は、生物学的事柄に対する電気の関係は当時の自然科学の領域をいくばくか越えている、というところに力点を置いて述べている。その彼の用語は、生命に対する電磁気の影響を認めている現在の研究からはむしろ賛意を示されるのではないか。とくに、全身の電磁場を発見している研究は彼の用語にぴたりとあてはまる。

ウルバンは言う。幸福な結婚をしても、その幸福は長くは続かない。不幸な結末を迎えることもしばしばだ。結婚生活が狭量、怒り、敵意に陥ってしまう最大の理由は、程度の差こそあれ、性の不満から出てくる無意識の恨みである。彼はそのことを彼自身の経験から悟る。当初愛しあっていた夫婦が次第に溝を深める理由は、夫婦に性の本質への適切な理解がないからである。

自身の体験からウルバンは確信する。男女の間には生体電子的な力において違いがひとつあって、その違いが挿入時に交換されて、男女双方がリラックスし充足した状態が訪れる。そう確信したのだ。彼は、四つのセックス例に示唆されてこの理論にいたっている。

(1) 中近東出身の夫妻の事例。
(2) いくつかの部族、とくにポリネシアの部族の性生活とタブーについての知見。
(3) 合衆国におけるカレッツァの技巧の実践者たちの追跡調査。
(4) ノイローゼ患者の診察。

シリアのダマスカスの夫妻にかんする事例。夫はウルバンの元患者で、自分は非常に美しく若いアラブの女性と結婚したと語る。まったくの相思相愛だった。ある晩、二人はベッドに裸になって一時間ほど横になっていた。きつく抱きあい愛撫しあっていたが、挿入は控えていた。部屋は真っ暗。二人が体を離したら、妻の体が見えた。群青色の発光が全身を包んでいる。夫は手を伸ばしたのだが、体に三センチほどのところで、電気が体からほとばしって彼に伝わった。電気は目に見え、音がし、痛みを覚えた。

この話を聞いてウルバンはびっくりする。この若者はたぶん幻覚を見たのだと、彼は考えた。あとで彼は、胎児は三層の細胞からできていることを思い出す。生命器官の源である内胚葉（一番内側の層）、筋肉、骨、腱になる中胚葉（中間の層）、皮膚と神経になる外胚葉（外の層）である。胎児のなかで皮膚と神経が密接につながっていることを知っていた古代中国人は、はり治療というものを案出した。そしてウルバンは西洋自然科学から学んだ。神経系統と皮膚はともに外胚葉に源をもつのだから、神経系統の電気インパルスがたぶん皮膚を通して伝導されるのだと考えたのだ。

ウルバンはその新婚夫婦に、いくつか実験をやってみて、報告してくれないかと依頼する。まず、夫婦は暗い部屋で裸になって横になり、一時間しっかり抱きあってから、五分間だけ挿入する。夫婦とも満足を得る。しかし、二人が立ち上がると、火花が二人の間に飛び始めた。このことから次のことがわかる。夫婦は一面としてはオルガスムによって満足を得たのだが、二人の生体電子の力はその時点では消失していなかったのである。二、三日後、二人は再度挿入をする。このときは十五分の挿入だったが、火花はやはり飛んだ。

数日後、挿入が二十七分間続けられる。そのあと火花は飛ばなかった。そこで、二十七分という時間間隔が、火花が飛ぶ飛ばないの要因だとウルバンは考えた。三十分、望ましくはそれ以上、裸のままの密着した前戯を行えばいいわけだが、そうせずに、いきなり挿入に入った場合、女性の体のまわりに発光は現れず、火花も発生しない。同じ夫婦にさらに実験をしてもらって、ウルバンはそのことを知る。発光、火花の現象が生じないために必要と考えられる二十七分。性的合一がそれより短い場合も、それらの現象は現れなかった。インドのタントラでは、恋人から恋人へのエネルギーの流れは、静止したままの挿入を始めてから三十二分後に生じるとされている。この夫婦の場合、二十七分以下の時間の挿入であれば、もっと挿入を行いたいという切実な欲望が二人ともに募ったという発言があった。しかし、かりにその欲望が満たされたにしても、オルガスムにいたる時間が非常に短かったら、二人ともかえって不満感に苛まれ、場合によって、頭痛、動悸がし喘息が出るなどの状態があるかもしれない。それは要するに、オルガスムによって性器に限ったうずきは解消されたにしても、全身全霊のうずきは解消されない、ということである。生体電子の力はまだ中和されていないわけだ。さらに、短時間の挿入のほうが火花の飛ぶ距離が大きいという事実があった。これは、長い挿入より二十七分以下のそれのほうが、二人の全身のうずきを強めたということを意味している。

しかしながら、三十分以上の挿入を終えた場合、全身のくつろぎ感があり、もう一度行為をという欲望は起きないのが普通である。事実、その場合、あの夫婦の性的欲望は一週間ほどは生じなかった。それでいて、夫婦の互いの愛情はたっぷりと深まった。非常に短時間の性交を終えた場合でも、少なくとも三十分間、夫がペニスを挿入したままにしておく。ペニスが萎えてもいいからそうしていると、同じくつろぎと愛情を二人とも感じた。その三十分の間、夫は二人の性器がつながっている部分に意識を集中させていたのだろう。

三十分間の挿入から得られる充足感は五日間残存し、一時間の挿入では一週間、二時間のそれでは二週間、充足が残存したと夫婦は語る。通常の交合とか挿入がない状態で、ただ長時間、体を密着させておくことでも、同じようなやすらぎの持続がもたらされた。この点はジョン・ノイズの理論と符合する。セックスの性愛機能ないし磁気機能は生殖機能とは分離されうるという理論と一致するのである。

ウルバンの研究はさらに進んで、いくつかの部族の性的慣習を考察することになる。ポリネシア社会の一部では、幼児をなだめるために何時間も手のひらで幼児をなでる習慣がある。母親が幼児を裸の背中にのせているというのはよく見かける姿である。母親が仕事をしている間、赤ん坊は母親に密着しているから機嫌も良くおとなしくしている。ウルバンは、この肉体的接触が幼児の生体電子の力を中和し、緊張感を静めるのではないか、と考えた。母乳で育てられない赤ん坊は将来の性生活に支障をきたす、とポリネシアでは広く考えられている。そのこともウルバンの視野に入った。ポリネシアの人々は愛に対する考え方で名高いのだが、何時間も幼児を撫でている母親は無意識にその考え方を幼児に伝えているかのようだ。ヘンリー・ハブロック・エリスは昔、あまり愛撫されることのない幼児の死亡率は、およそ三〇パーセント増加すると述べている。

ポリネシア人の性交の方法もウルバンには強い印象になった。性交の回数は普通には五日に一度が上限である。四日は、男女はしっかり抱き合って眠るのだが、性器の接触はしない。性交するときは、前戯と愛撫を少なくとも一時間行い、接吻し抱擁し愛咬する。挿入したのちは、男女は最低三十分は身動きせずに抱き合って、それからやおら前後運動を始める。オルガスムがあったのちも、長時間、性器を結合させたまま抱き合っている。ウルバン博士はこのセックスの習慣を知って喜んだ。彼の理論に一致する習慣であったからだ。前戯によってうまく「電流」を喚起し、長い時間体を接触させておいてその電流を二人において同量にすることで、幸福な結婚生活が保証されるという理論である。

英領ニューギニアのトロブリアンド諸島の島民は白人の性の技巧をあざける。彼らはセックスをする西洋人の物まねをして、周囲にいる島民、白人を笑わせる。島民の見るところ、西洋人のセックスはせっかちすぎる。トロブリアンド諸島の人々は、愛はゆっくり育まなければならないと考えている。「一時間たつと先祖の魂が目覚めて、われわれの結合を祝福してくれる」。彼らはそう言う。性交を長く続けることは、彼らにとって聖なる責務である。言い換えれば、精霊の感情と人間の感情を静めるために生じた伝統であることはまちがいない。

南海諸島の人々が性交において取る体位も実益を求めるものだ。緊張、圧迫感から完全に解放されるという考えがそこにある。体は完全にくつろぎに入らなければならない。だから、男性は決して女性の上には乗らない。長い間抱擁している彼らにすれば、男性上位は考えられないのだろう。男性が腕で自分の体重を支えるにしても、それでは男性が疲れてしまう。

性交をしない夜は、男女は同じ寝床の枕側と足側にそれぞれ頭をおいて寝る。二人とも足をハサミのように広げてV字どうしを組む。これならば、互いの性器は最も接近していながら性器の結合はありえず、性器の興奮を抑えられる。

性交する日には、接吻、愛咬、抱擁、ペッティングなどなど、ありとあらゆる性行為をすることが大切になる。しかし、優しい愛撫をしてはいけない夜もある。男女は裸になって密着して横になり、朝には心からくつろいでいるのだけれど、接吻も愛撫もしないのである。こうした規則を守ることによって、彼らは日常生活にまで流れ込んでくる愛の生活をつくり出し、ノイローゼなどかかりようもなくなるのだ。

ジョン・ノイズとアリス・ストカムの著作を熟読して、ウルバン博士は、カレッツァの特徴が、長く身動きしない結合にあることを知る。三十分もすると、自己本位ではあるが非常に生きいきした甘美な感覚が訪れ、それは普通、抱擁が続いている間は消えない。数時間消えないことだってある。そうして二人は夢も見ない深い眠りにつく。また、その眠りで体がすっかり休まる。翌日は二人とも法悦とくつろぎの状態を実感し、それは数日続く。通常、二人は、互いへの愛、二人を包む世界への愛を深めてゆく。

ウルバン博士にとっての四番目の非常に示唆的な情報源は、知人であったノイローゼの女性の性生活であった。博士に言わせれば、彼女は二十三歳になる絶世の美女であった。彼女の場合、精神分析は役に立たなかった。ウルバン博士は自分のサナトリウムに彼女の仕事を世話する。彼女の一番の問題点は彼女が男性をこわがることだった。思春期以来、彼女は男に指一本触れさせなかった。彼女はたくさんの若い男の欲望の的になったけれど、男たちはことごとく彼女の愛を勝ち取ることはできなかった。彼女は子供のころ継父に犯されたのだった。

ウルバン博士の助手が彼女を好きになった。随分のちに彼女は結婚を同意する。ただし、決して肉体を求めてはいけない、という条件を彼につけて。結婚して六週間後、夫婦は初夜を同じベッドで過ごす。二人とも裸。抱き合うのだが、彼は約束を守って、挿入は求めない。二人はぴったり寄り添って寝て、およそ半時間後、二人の体の細胞のひとつひとつが輝くような至福感、生き返るような感覚を覚え始める。二人ともかつて感じたことのない歓喜を実感する。そのまま抱き合ってしばらくすると、二人が融合して一体になる感じがあった。時間、肉体、空間が溶解し始める感じだ。いっさいの思考が停止する。そんな感覚を二人は、「人間を超えた」感じとか、「神のような」感じと表現する。まさに天国に昇ったような感覚であったのだ。この感覚は夜の間中続く。咳が止まるような感じも出てくる。しかし、二人が起き上がってシャワーを浴びても、またベッドに戻れば同じ至福感がよみがえってきた。翌日は、二人とも安らかな幸福感に包まれた。

この出来事を聞かされたことで、ウルバンは患者たちに、生体電子の流れを自由に長く交換し合えるような性的合一を勧めることになった。その結果、離婚を考えていた夫婦がうまくいき、高血圧、潰瘍、皮膚病などの身体の不調が治った。三十歳前後のある患者は痩せて、胃潰瘍、高血圧、頭痛、胸痛、漠然としたイライラ感に悩まされていた。二年間、彼は強い不安に苛まれて、仕事も手がつかず、不眠に悩まされ、読み書きもできず、音楽に耳を傾けることもできないでいた。自殺未遂もやっていた。ウルバンの問診の際、彼は性生活はまったく正常だと答える。ところがその実態は、射精寸前に陰茎を抜く中絶性交ばかりを行い、性交時間はわずか数分というものだった。生体電子のエネルギーが当初は刺激されるのだが、そののちに封じられているものと判断したウルバンは、エネルギーの流れがまず彼のなかで循環し、次に奥さんのほうに流れてゆけるような性生活に変えるべきだと助言する。その助言に従って二週間すると、彼は心おだやかになって、体重も十キロ弱増えた。体の症状もすべて消えたのだが、それは、密着した抱擁を長く行いながら、自分の生体電子の場を、妻のそれと融合させることによって正常化させたからだ。

こうした事実から、ウルバンは次の結論を得る。

（1）男女が互いの存在を存分に意識していることが、二人の間の生体電子の流れを促進する。
（2）いちど刺激を受けた生体電子の流れは、二人の間を伝導してひとつの場に融合するのに最低二十七分を要する。
（3）キスや愛撫で刺激された流れは、二人の間を行きかいながら唇、乳首、胸、腕、脚を流れ、完全なくつろぎと充実の状態をもたらす——その際、挿入や通常の意味でのオルガスムは必要ではない。
（4）生体電子の流れはペニスとヴァギナに流れる傾向があり、二つの性器を交接して少なくとも二十七分間動かさずにおけば、二人の流れが融合することになる。
（5）通常の、動きをともなった挿入でも、たとえ男性が早漏気味の射精をしても、ペニスを少なくとも二十七分ヴァギナから抜かずにおくと、生体電子の流れが融合して、男女とも完全なくつろぎを得ることができる。
（6）生体電子の流れが融合してひとつの場になると、挿入をもう一度という欲求は五日間程度は生じない。
（7）性急な性交、生理、排卵によって女性の体の生体電子は昂進する。これが緩和されないと、通常の細胞活動が阻害され、病気を引き起こすこともある。
（8）愛情、脅え、怒りといった心理的要素は生体電子の力と影響を与え合う。愛があれば、流れは闊達になるが、脅え、怒りなど否定的で後ろ向きの感情は流れを阻む。

中国人、インド人もそうだったが、ウルバンも、生体電子エネルギーの流れが重要であること、その流れを活性化することで、心身の病を予防したり癒すことができることを認めた。男女の生体電子エネルギーが融合するにおいて、感情が大きな役割をもっていること。それもウルバンは認めた。道教徒の、二重の修養の技巧、インドのタントラの抱擁、アメリカ人たちの経験。どれにしても、一組の男女は一個の電池の半分ずつであることがわかる。特定の仕方で二人が合一するなら、あたりまえのセックスよりはるかに強力なエネルギー場に、二人は参入できることになる。この場に身をゆだねてしまえば、二人は長い時間にわたる全身のオルガスムを得ることができる。そのオルガスムは性器という局所だけのそれとはまったく異なるものである。二人の心身の境界は消失する。この方法は全身的感情に身をゆだね、あずけることが基本であるから、どちらかといえば、受身的、「女性的」と見えるだろう。実際、『ハイト・リポート』でインタビューを受けた女性の多くは、通常の性交と同じ程度に、あるいはそれ以上に、この肉体的密着を求めているし、それをもっとたびたび経験したいという願望をもっている。しかし、この方法では、男女双方が、きめ細かくも深い感情、圧倒的なエネルギー場に身をあずけることが必要なのである。このレベルの経験を体感するためには、男性は女性から多くのことを学ぶべきである。むろん、その場合、通常の性交における男性の典型的な動きに女性がまだ慣れていないということが前提となるのだが。

　こうした深く咲き誇るエネルギーを育むについては、処女性がかなりの美点になる。処女の生命力というものは、性器によって短絡的に発現することが習慣的になっていないからだ。その生命力が封じられるのでなく、スポーツ、学習、宗教など、肉体的・知的・宗教的な緻密な活動にそのはけ口をみつけるとき、処女性の性的活力は全身の活動を育むような習慣をもつことになる。機能としてのそのような本源的な性質をもっている処女性のエネルギーは、男女がしっかり抱擁し合っているとき、ごくスムーズに自然に男性のほうに流れてきて、情動的に深く、輝かしい全身の歓喜を覚えることができる。しかし、悲しいかな、本源性がその本源らしさをなくするのをみずから求めるのも、また自然の動きである。とくに処女が、ありきたりの性交、ありきたりでない（「倒錯の」）性交の情報をいっぱい知ってしまうとき、そのことが言える。「経験豊富」になろうとして、処女は惜し気もなく無垢であることを捨てる。あとになれば、捨てたことを後悔するかもしれぬのだが。

「場」を使って肉体的密着を求める方法には難点がひとつあって、自由に流れるエネルギーが必要になるし、またそのエネルギーに身をゆだねる能力も必要であるという点である。童貞であれ経験があるのであれ、多くの男性は、この方法は女性的でありすぎて実際的ではないと感じるはずである。つまるところ、男性が自分の男らしさを確認する重要な手段のひとつがセックスであり、能動的にことを行うべきだと考え、相手を荒っぽく扱って、何度もオルガスムを感じさせたいと思うのが大方の男性であるだろう。性交は加工品を作ったり、ビルを建てたりすることに似ている。レンガや台座を、オルガスムを積み上げてゆくのである。そう考える男性たちにとって、情動をゆだねるのは、女性がやることだ。エネルギーの高まる波に静かに身をゆだねることは、ありったけの肉体で支える「男っぽい」情動のスタンスを侮蔑することになる。

しかし、道教では、身をゆだねることは、女性的なるものの勝れた力を取り込むことにほかならなかった。そして、その女性的なるものは、よく統制された屈強な男性的なものよりはるかに強力なのである。男性たちは、老子の「その雄《ゆう》を知りて、その雌《し》を守れ」という言葉によく留意する。能動的なものを知り、受動的なものを守るのである。受け入れる立場に立ってこそ、人は輝くエネルギーの庭に通じる門を開けることができる。愛は人が建てるビルには似ていないが、樹木に似ている。自身の存在法則にのっとって内部から成長してくる樹木に似ているのだ。それが、タントラの恋人たちが微細な抱擁をしている間に、上向きの一組の蓮がその門を開けるということの意味である。下向きの、閉じた蓮の蕾がエネルギーをはらんで膨み、上を向くようになって、つかむのとは反対の力でもって蕾が花開く。

愛のこの方法は、深い情動とか肉体の屈服を許すことができず、体を忙しく動かすことに執着し、性器という局所だけの興奮に満足する男っぽい男というイメージとは対立するのだが、同時に、この方法では、ウルバン博士が発見したように、男女の間に情動の未熟が少しでもあると、生体電子エネルギーの交換が阻害されがちになる。情動の場、精神の場は生命エネルギーの場と織り成されて、互いに強化し合う。

ウルバンは、一九二八年、芸術家たちがたむろするパリのクリシー通りのカフェで出会った男女について述べている。世にも稀なほど魅力的な男女が彼の近くに座っていた。二人の劇的な関係については、近隣ではよく知るところとなっていた。ルドルフは赤貧の作家で、恋人ミミと同棲していた。ウルバンが二人をカフェで見かけたとき、二人はいきなり激しい喧嘩を始めた。身を震わせたミミは、今度こそ私は戻ってこないから、と言ってカフェを出てゆく。ルドルフはグラスを彼女に投げつけ、これで俺は書くことに集中できるぞ、と叫ぶ。

ウルバンの専門の職業意識が目覚めて、その若者に話しかける。ルドルフは、最初は二人の間もとてもうまくいっていたんだとうち明ける。二、三カ月たつとミミがどうも喧嘩腰になった。いさかいが絶えなくなった。ミミがぷいといなくなって二、三日は戻らなくなった。それから二人は身を入れたセックスを数多くするようになったのだが、一回の時間は非常に短いものだった。ミミは、挿入される前にオルガスムに達するようになって、それで結合時間が短くなったのだ。

ウルバン博士はルドルフに、頻繁にオルガスムを感じてはエネルギーを消耗するし、執筆の筆も鈍るよ、と忠告する。性交が二十七分以上続かないのであれば、全身の生体電子エネルギーが二人の間で十分に交換できない。その点では、性器のオルガスムが何度あろうが関係ないのだ。そういう話もする。聞いていたルドルフは憤慨して、ぼくのセックスが自由で情熱的であって何が悪い、と答える。一連の手順――キスを八分、抱擁を十二分、愛撫を二十七分――をふむことで、セックスは軍事教練のようなものに転化する。野性的で、自由に技巧を駆使するセックスをすることに自負心をもっていたルドルフは、怒りのままに、あんたの忠告なんかには耳を貸さないと言う。未開の種族のなかには、このルドルフに情熱の技巧について多くのことを教えられる種族があるのだろうな。そうウルバン博士は考えたことだった。

ルドルフとミミのような男女の場合、決して情熱を欠いているとは言えない。だがしかし、その情熱は、完全なる情動の密着、肉体を投げ出すことに基づいてはいない。情熱的でロマンティックな愛は、障害、嫉妬、別離、短い和解、心配、空想、理想化、虚構を肥やしにして育つ。そんな愛では、感情の行きかいのゲーム、対立の論理、攻めと守り、喧嘩と諍い、そうしたなかで情動が決定されることがしばしばである。そうした「関係」は二重の幻想になり、別離、疑い、嫉妬、恐れについての、男女相互に非関係的であるドラマ化になる。チェスにあるような、愛なき熟慮、孤独なる混乱、のめり込んでいながら、たて続けに断念される取らぬ狸の皮算用、ときどき中断されて操作される敵の配置換え、あるいは「捕獲」によってのみ軽減される思考の長い迷路。そうしたものがこの愛では育まれる。この愛は、離別と疑惑への鋭い感覚をお好みであるが、この感覚は、繰り返される情熱的なセックスとオルガスムによって解消できる。非関係的で、つかのまの、局所に集中される忘却によって解消できるのだ。その忘却は疾駆する性の政治とでも言える作用がある。この愛にのめり込む恋人たちは、愛の交わりにおいて身をまかして全身全霊をくつろげるということの意味はわからない。彼らの最深レベルの性的行為は、肉体と精神の存在の全部を相手に捧げることなくしては展開しない。彼らは相手をチェスのポーンのように操作するだけという傾向になる。真の密着を求めるよりむしろ性欲《エロティシズム》を求めての、自分だけの解放の瞬間のチェス・ゲームにおいて、その傾向になるのだ。

十全に開発された性衝動と精神性は自己陶酔はしないのであり、情動のエネルギーと生命エネルギーが全身に伝導するのを必要条件としてこそ、開発された性衝動と言える。関係構築、意志疎通、相互関与。それだけが、自己陶酔的で小賢しい操作をする性の手管を治す治療法になる。だから、恋人たちが全身の伝導を経験したいと思っているのなら、性器の液体を交換するだけでなく、内密にしている孤独な術策、性的傾向、習慣を互いにあらいざらいさらけ出さなければならない。二人はタブーというタブーを捨てて、互いの目の前で最も内密な想像を表に出しきることが必要だ。それこそが密着の始まりである。というのも、現にもっている傾向をあらいざらい互いに教え合って、その内容のことで相手を貶めたり非難したりせずに、くつろいだ行為、思いやり、相手への検分に時間を費やすなら、充実した感情が湧き上がってきて、それまで自己閉塞と自己逃避に閉じ込められていたエネルギーが循環できることになるからである。二人がすべてをさらけ出し続けるなら、分離の感覚を解消する手段としての通常のオルガスムは、いよいよその必要がなくなる。全身に拡散した長時間にわたる生命力の伝導、深い思いやり、相互の密着が生じて、オルガスムの代用になるわけだ。

インドの伝統的なタントラは、知らない人をセックスの相手にすることによって、生身の感情的反応という問題を回避する。そうであればこそ、セックスをする二人が互いをシヴァ神とその女神だと想像することができる。しかし、これはひとつの文化である。精神的なものが主で、人間のレベルの関係性は従。そんな文化なのだ。タントラの方法は、関係性という問題を解決するのではなく、避けるのである。なぜなら、真の感情的・肉体的密着が日々の現実の尺度から吟味されるのでなければ、その密着は、見た目にはどれほど神々しくとも、しょせん日曜日にはきまって教会に足を運ぶことと変わらぬ惰性のようなものでしかないからだ。一般論で言えば、インドは自己本位を過度に強調する点で比類がないのであり、タントラになると、セックスの相手を天界に通じる門戸以外のものとは見ないのだ。その際、相手を人間とも見ているのであれば、天界への門戸と考えても非礼にはあたらないのである。相手を天界への門戸と考えないのであれば、相手と関係をもつ自己の全体は活性化されることにつながらないし、しかもタントラの精神的な経験は、別様の自己閉塞と自己逃避になるばかりである。

生はひたすら内的なものでも、ひたすら外的なものでもないのだから、どちらか一方の極だけを凝視していては生の充実がもたらされない。内的、外的、どちらの極も経験しなければならない。恋人たちは性活動の総量を越えたところにおもむいて、もっと微細にして総括的な内面の場を経験しなければならないのだ。しかし、内的な場を経験したからといって、それで終わりであってはならず、その経験が男女の関係性に変容しなければならない。恋人たちは、無限大の関係性の要請と、有限の関係性の要請との双方に素直に従わなければならない。二人の愛が精神的なものであり、しかも人間としての本物の愛であるべきならば、双方に従わなければならないのだ。

タントラと道教の伝統的な教えによれば、通常のオルガスムは性的密着の狙いになるものではない。生体電子エネルギー、精神的エネルギーを増幅させ、二人がそれらを共有することが肝要なのである。道教徒もインド人も、性の体液を保持することで生命力が横溢し、健康、寿命、精神力が増進すると考えた。ヒンドゥー教の伝統的な医療文献では、男性の体内に精液が生産されるのに二十八日かかるとされている。この期間、食べた物が消化されて、リンパ液、血液、筋肉、脂肪、骨、骨髄になり、最後に精液になる。その精液が保持されれば、それが微細な物質に転化されて、その物質が活力と輝きを全身にみなぎらせる可能性が生まれてくる。精液を放出しすぎると虚弱になり、いろいろな病気を引き起こすことがある。ユダヤ教のハシディズムとかイスラムのスーフィー教など、その他のさまざまな宗教も、精液を、活力、輝き、魂に等しいものと見ている。ホメーロスから以後のギリシャでは、プシュケ（霊魂）は、頭と脊髄にひそんでいると考えられていた。プシュケは息とつながっていて、放出される精液といっしょに体から出るとされていた。

ジョン・ペリー博士、ベバリー・ウィップルなど性科学者のグループが一九八一年に発表した研究では、女性も射精ができるということになった。放出される液体はGスポットという部分で作られるのだが、その部分は解剖学的に男性の前立腺と同じものであり、そこから放出される液体は、男性が射精する液体と同じものだとされた。その液体には、前立腺酸、ホスファターゼ〔酵素のひとつ〕、ブドウ糖が含まれている。タントラ、道教の教えでは、女性のほうが性的体液と生命力をたくさんもっているのだが、女性はオルガスムを過度に重ねてその生命力を枯渇させる可能性があるということになる。ここには、通常のオルガスムをともなう射精を過度に行うなら、男女双方が退行してしまうという視点があって、だから、射精を抑えることによって、性的密着が生命エネルギーを増幅し調和させるという考えが出てくる。瞑想をともなう抱擁において、生命力の場と情動の場が織り成されて、最後には混交する。それによって、性器からの射精を超越した、性器の歓喜を含む全身のオルガスムがもたらされる。こうして、セックスは、神経系統の全部に栄養を送ることで、再生の機能を果たすのである。

しかしながら、東洋伝統の性の方法には、西洋文化には見られない儀礼的・宗教的要素がある。そこで、以下に述べる指針は、異国の飾り物なしに、肉体的密着にいたる場《フィールド》の方法を探りたいと思っている西洋の恋人たちに向けられるものになる。これらの指針については、規則と考えてはいけない。生命力の流れを、あれこれいじくるということではなく、それについて沈思する機会。肉体的密着をその機会にするための手順がこれらの指針だと考えてほしい。

まず、あなたと恋人は感情の面で心構えをしなければならない。あなたたちは性的な意味で、あなたたちの感情のなかにいるあなたたちになるからである。結合した二人のエネルギーが自由に流れるようにする。二人の情動の泉が、怒り、脅え、嫉妬、疑惑によって塞がれない程度までエネルギーが自由に流れるようにするのだ。

次に、あなたと恋人は体を洗うべきである。見た目の清潔ということだけでなく、沐浴すると生体電子エネルギーの交換効率が良くなるからである。そして、体を楽にして疲れを外に出す。緊張していると、生命エネルギーの流れを十分には感じることができず、その流れを、通常のオルガスムによって緊張を解放させることに費消してしまうだろう。身をまかせてこそ、緊張した筋肉を弛緩させることができる。もろもろの伝統文化は、準備運動として、そっと体を伸ばして深呼吸をし、黙想することを勧めている。西洋人だって、目を閉じて座り、注意力と呼吸を泳がせながら深い感情を込めて息を吸い、体の不安定な部分を溶解させたいと願うことができる。息を吸う際に、生命エネルギーを取り込んでいるのだと想像し、吐きながら緊張を緩めるのだと想像しなさい。あなたたちは互いにさすり合いたいと思うだろう。さすり合うのも、停滞したエネルギーを流れさせるのに効果的であるからだ。しかし、ベトベトした油性のものを肌に塗ってはならない。生体電子の流れを妨げるからである。

黙想するなら、抱擁に入る前にするのが最善である。そうすれば、微細なエネルギーに対するあなたの感応の度合いが高まるからだ。アルコールやドラッグはいけない。注意力が鈍くなり歪んでしまうから。同じ理由で、事の前にたっぷりとした食事を摂らないのが一番よろしい。食事後の数時間、あるいは果物を食べるかお茶を飲んだのちの午前中が次善。そうであれば、エネルギーが消化に費やされず、自由に循環できるのである。このタイプの性的合一は数時間続くのであるから、邪魔が入らない環境で行われるのがよい。電話の受話器ははずしておく。子どもは学校なり映画なりに出かけているのがいいわけだ。六七頁以下に述べた鹿の運動を数回繰り返してみると、有益であることがわかるだろう。この運動を深呼吸とともに行えば、性エネルギーが目覚めてそれが全身に広がる。

二人の体から緊張がとけてきたなと感じられたら、キスと愛撫を非常にゆっくりと楽な気持ちで行い始めてよろしい。それによって、生体電子の流れ、生化学の流れ、情動の流れが刺激される。こうしたエネルギーが喚起されれば、それらは自然に流れ始めるだろう。あなたたちが通常のセックスに慣れている場合、エネルギーは性器のほうに流れて、そこで局所的な緊張を醸し出し、オルガスムによってその緊張は解放される状態になるだろう。だから、エネルギーの流れがあなたと相手のなかに生じ始めたら、キスと愛撫をときおりやめて、心身ともにその流れに身をゆだねてしまいたいという思いが湧くかもしれない。これはエネルギーを性器から放散させ、オルガスムへの欲求を緩める効果がある。エネルギーの流れに身をゆだねればゆだねるほど、二人は深い一体感を味わうことができるであろう。

性器の興奮をよかれとして、それに専心するのではなく、絶えず深呼吸をして全身を楽にしながら、興奮を全身に自由に静かに放散させなさい。現在にふみとどまって、見返りを求めない全身の接触のおだやかな暖かみを楽しみ、それをじっと見つめなさい。自分ひとりの満足のために相手を利用するのではなく、体を楽にして自分の高まる活力と情動に身をまかせなさい。

女性が濡れてくると、性器どうしが触れ合うところから始まり、徐々に深い結合に向かってゆく。エネルギーどうしを完全に混交させるためならば、挿入は絶対に必要というものではない。絶対に必要なのは、男性が女性に肉体的に挿入するということよりも、性的エネルギー、情動的エネルギー、精神的エネルギーの相互挿入のほうである。脅えがほんの少しでもあれば、とくに女性に妊娠の脅えがあるならば、彼女は情動の面で身構えてしまって、エネルギーの上向きの流れ、循環、放散が阻害されてしまう。

だが、妊娠の恐れがなく、あなたと相手が性器どうしを深く結合させたいと思っているなら、話は簡単である。女性はヴァギナにペニスをゆっくり招き入れて、二人は深呼吸して体を楽にすることを忘れず、挿入にともなう興奮の波に身をゆだねる。

あなたたちの性器が結合すると、ペニスと接触している膣壁が、昂揚した生命エネルギーの流れを流す導管の集合のような働きをする。あなたに興奮の波が高まってきたら、相手をすこしの間あなたの自覚の外に置く。セックスのことは放念し、溢れるエネルギーの暖かみに身をゆだねてしまうがいい。忘我の状態になるのだ。エネルギーの真ん中にとどまっているという感覚が生まれるであろうから、その感覚を相手に投射する。身をゆだねて忘我の状態で投射することで、二人の心は溶解し、存在が溶ける。そして、無限の空間のなかを落ちてゆくような感覚を二人は覚えるであろう。エクスタシーを覚え、そのなかで、あなたは相手と完全に一体となる。呼吸は、あたかもお互いどうしの体内でそれを行っているような感覚になる。時々、二人いっしょになった呼吸が非常に清新になって、しかも一瞬止まってしまうようにすらなることもある。

男性に勃起力がなくなるような感じになったとき、女性に性感がなくなるとき。そのときだけ動きが必要になる。その場合でも、興奮の波は非常に高いところにだけ置いておき、ただし、頂点まで昇らせてオルガスムとして爆発させるのではなく、心をおだやかにしてエネルギーのなかに身をまかせるのである。こうしてあなたたちは、通常のオルガスムによって生命エネルギーを放出させることなく、何時間も抱擁したままでいられる。輝くエネルギーと情動の、どんどん柔らかくなる場にどんどん深く沈み込むことによって、あなたたちは互いに活性化し合うことになる。

このとき、性のテクニックは管理には基づいていない。つまり、オルガスムを避けようとしたり、体内エネルギーを操ったり、という計らいはしていないのである。ただ目を閉じて、エネルギーが自分の心臓に、頭に、性器に、相手のそれらに流れるのを感じ、エネルギーが循環して、沈思してそれとわかる活力の円環が形成されるのを傍観しているだけなのだ。二人の存在が溶けるとき、あなたたち二人は体が輝くのが実感されるだろう。それでも、心はどこまでも休めたまま。心のうちに引きこもったままでいる。無為のままでの自覚というのが肝要なのである。あなたたちのエネルギーのすべてが、上昇し体内に放散する。そして昂揚する一方のエネルギーの溜まり場に収斂されてゆくであろう。こういう状態になると、好色な思いは愛情に転化し、通常のオルガスムへの欲求は弱まってゆくのである。

三十五分ほどこの抱擁を続けていると、全身においてオルガスムの感覚の波が次々に押し寄せてくるのを感じ始めることだろう。あなたが男性であれば、射精をしないまま、相手と一体になって全身が突然さざ波のように震えるだろう。つまり性の局所にとどまることなくして、震えるのがわかるはずだ。二人の体が同時に震え始めることもあるだろう。そうなれば、体を離さずに震えに没入し、震えそのものになるべきだ。そのとき、二人の体のエネルギーが完全に融合している実感をもつであろう。震えはたぶん長くは続かず、そののちは、深々とした安らぎと、活力の輝きとを感じるはずである。震えが収まったのち、最低三十分は相手と楽な気持ちで抱き合っていることが大切な点である。活力感は何時間も、何日も持続し、しばらくは性交を行う欲求はたぶん起きないであろう。

セックスの場の方法を存分に経験してもらうために、おさらいをしておこう。前戯として最低三十分、欲得抜きのキスと愛撫をし合うことが必要である。それでエネルギーが目覚めて大きくなる。次いで、二人はいっしょに横になって動かず、注意力は保ちながらも安らかにしておく。性器は挿入してもよし、体を密着し合うだけでもいい。この抱擁を何時間も続ける。二人の体が震えてきたら、そのままにまかせ、そののち少なくとも三十分は抱擁を続ける。

初めの二、三日、あるいは数カ月は、男女の一方、または双方に通常のオルガスムを得たいという欲求が残ることが考えられる。この場合、いろいろの状況が生じるだろう。二人が動かずに横になっているだけで、男性が射精をしてしまうか、女性がオルガスムを感じるということは考えられる。それはそれでいいとしよう。それまでのセックスの名残であるから仕方のないことだ。しかしながら、オルガスムののち少なくとも三十分は気を楽にして身動きしない抱擁を続けることはやってほしい。

次に考えられる状況は、オルガスムは起きないけれど、多大の緊張が性器に感じられるというそれである。二人が三十分の身動きしない抱擁を続けても、その緊張が減じないのであれば、その時間を、通常の挿入と通常のオルガスムへの序幕だと考えて、その序幕を楽しんだらよろしい。性交というものはひとつの単純な手順をふむことで時間を長くできるものである。男女どちらかがオルガスムに近づいたら、いっさいの動きを止めて、深呼吸をし、気を平らにしてエネルギーと情動のなかに――核心のなかに――入ってしまうのがよい。このときに、鹿運動を数回行って、性エネルギーを体感するのもいいだろう。性器の部分に蓄積されており、心臓、喉、頭、手足、そして相手へと流れてゆくエネルギーを体感するのである。この鹿運動は、オルガスムの間には決して行ってはならない。

通常の挿入とオルガスムのあとは、例のように、最低三十分、二人の性器を密着させたまま、二人ともまったく体の力を抜いて横になっているべきである。でないと、生体電子エネルギーの完全な交換がなされず、同じ行為をもう一度行いたいという欲求が残ってしまうからだ。数週間もすれば、二人の体がいっそう楽になって互いに愛情を感じられるようになって、性器の緊張の度合いは減少するはずである。

三番目の状況。あなたも相手もオルガスムの欲求がほとんど、あるいはまったく起こらずに、ただ倦怠感を覚えるのみというか、刺激による興奮やオルガスムによる解放感がないので、なにか空しいという感じを覚えてしまう場合である。この感覚も過去の習慣によるものだから、長くは続かないはずである。以上のどの状況であれ、失敗したと思わなくてよろしい。習慣がまだ変化していないだけのことだからである。生じるべきである特別の事態などひとつとしてないことを肝に銘じておいてほしい。あなたと相手は、おだやかなエネルギーと情動のひとつの場が二人の間を行きかうままにしているだけのことで、それ以上でもそれ以下でもない。最後には、あなたたち二人の体はその蓄積されたエネルギーに順応することになる。そうなれば、健康、体力、活力が増進し、精神の明晰さが増したという実感が得られるであろう。充実した性的交流というものは、第一義的にはテクニックの問題でも、行為、管理の問題でもなく、またオルガスムを避けるとか、エネルギーをいじくりまわすという問題でもない。そこでは、心身の平穏、身をゆだねあずけること、自己没入が重大事なのである。こうしなければならないということは、実際にはひとつもないのである。なるがままになすだけだからだ。そうはいっても、やはりテクニックはいくつかあるのであって、それらは、エネルギーを心臓など高度なエネルギーの溜まり場に流してやるために、初めのころに使われるものである。性交の前およびその最中に鹿運動を適宜行うとか、全身に性エネルギーが広がるのを自覚しつつ、心を安らかにして深呼吸するなどは、そのテクニックに相当する。

　このタイプの密着はかなりの時間持続するから、これに最もふさわしい体位は、男女双方にとって一番楽なそれである。どういう体位の抱擁でも試してみればいいのだが、ただし、西洋の恋人たちは東洋のさまざまな文献に出てくる体位をあれこれ試みるだけの融通性はもちあわせていない。最も楽な体位は以下に説明するものである。

男女はベッドでそれぞれ楽に感じる側に寝る。二人の上半身は離しておき、骨盤の部分はくっつけ合う。女性は仰向けになり、男性は体の右側をベッドにつけて身を起こす。足は互いの体にからませる。男性の左足は女性の足の間に割って入り、女性の左足は男性の腰の左に乗せる。その姿勢で二人は三十分以上、二人の間にエネルギーが流れるのだと念じながら、身動きせずに横になっている。そののち、男性は挿入してもいい。ただし、さらに三十分は体位は同じままにしておかなくてはならない。その三十分がたつ前に射精してしまったら、さらに最低三十分その体位を保たねばならない。二人のエネルギー量が均等になるのにその時間が必要なのである。

このタイプの抱擁をしていれば射精が起こらないから避妊は考慮しなくていい、と考えるべきではない。一滴の精液が漏れても、妊娠は十分可能である。だから、妊娠は避けたいと思うなら、しかるべき避妊方法をとるべきである。とはいえ、コンドーム、ペッサリーなどの、精子を遮断する避妊方法は、多少なり生体電子エネルギーの流れを妨げてしまう。だから、心理的に最も抵抗が少なく、生体電子の妨げが最小であるような方法をとるべきだ。

いま述べたタイプの性交方法に慣れていない男女であれば、当初は何かが不足であり、要素がひとつ欠如していると感じるかもしれない。そんな男女が、あのヘミングウェイの研ぎ澄まされた散文、ジャズ・ピアノのセロニアス・モンクの空漠としていながら鮮明な即興音楽、中国の山水画の明るい空所がみな、沈黙、無為、空虚によって力を獲得していることを思い浮かべるとして、それももっともと言うべきだろう。あるいは、量子物理学でいわれる分子の真空状態を例に挙げてみよう。分子そのものは、非活性的な場のひとつの励起にほかならない。この真空の場は現実にはなんらの作用も果たしていないのだが、この場にはありとあらゆる励起された状態たち——あらゆる分子状の物たち——が同時に存在している。空虚はひとつの充実なのだ。シヴァ神がいる。座して瞑想し、一億八千六百万の性交体位の喜悦を同時的に味わっているシヴァ。あるいは神の化身クリシュナ。十六の体位でもって、たくさんの羊飼いの女性たちと同時に性交する彼は、同じ静かなる内面の充実を象徴している。独身のヨーガ行者であっても、それと同じほど圧倒的な歓喜を味わうことができるのは、そうした理由があってのことかもしれない。

原注

(1) Harold Robbins, *The Betsy* (New York: Pocket Books, 1971), pp. 101-3.
(2) Shere Hite, *The Hite Report* (New York: Macmillan, 1976), pp. 385-86.
(3) Ibid., p. 386.
(4) Ibid., p. 387.
(5) Ibid., p. 387.
(6) Ibid., p. 385.
(7) Burton Watson, trans. *The Complete Works of Chuang Tzu* (New York: Columbia University Press, 1978), pp. 200-10.
(8) I have followed the translation of Cornelia Dimmitt and J. A. B. van Buitenen, *Classical Hindu Mythology* (Philadelphia: Temple University Press, 1978), pp. 258-262.
(9) Gopi Krishna, *Kundalini* (Berkeley, Cal.: Shambala Publications, 1970), pp. 11-13. ゴーピ・クリシュナ『クンダリニー』（中島巌訳，平河出版社）
(10) Alice Stockham, *Karezza: Ethics of Marriage* (R. F. Fenno and Company, 1903), pp. 26-27.

訳　注

（一）アメリカの東洋思想家・禅研究家。一九一五―七三年。

（二）ナッツ、マシュマロなど硬いものと軟らかいものが乗っているアイスクリーム。

（三）アメリカの大衆小説家。一九一六年生まれ。

（四）オーストラリアの女性フェミニズム学者。一九三九年生まれ。

（五）古伝説上の帝王。五帝のひとり。漢民族の始祖とされる。

（六）『史記・項羽本紀』第七にある挿話で、いわゆる「四面楚歌」の故事になった。『史記』では、漢軍の張良の謀りごととして、漢軍にくだった楚の兵たちに故郷の歌をうたわせた、となっている。

（七）七福神のひとりで、長寿を授ける神。福禄寿と同一視されることもある。

（八）社会改良家。自由恋愛を提唱した。一八一一―一八八六年。

訳者あとがき

本書はJames Newton Powell, *Energy and Eros: Teachings on the Art of Love* (NewYork: William Morrow and Company, 1985) の翻訳である。

原著者のパウエル氏からの私信によれば、氏はカリフォルニア大学サンタ・バーバラ校で宗教学の修士を取得。現在、サンタ・バーバラの、ある大学で教えながら、現代の文学理論についての批評の本を執筆中であるとのこと。*The Tao of Symbols* (1982) と *Mandalas: The Dynamics of Vedic Symbolism* の先行著書があり、三作目が本原著である。三年で三冊の本を刊行というのだから、刮目すべき旺盛な執筆活動であったが、その後、しばらく期間があいているのは、関心の対象を現代文学理論に移して、それについてじっくり構想を練磨しながら執筆活動を展開中ということなのであろうか。東洋の思想・宗教から文学理論への転身。氏の本の最初の訳者としては鮮やかなそれを期待したい。

「なんか変な本だな」。それがこの原著を一読しての私の正直な感想であった。『エロスと精気《エネルギー》』は、古代中国・インドにおける、(現代から見れば) 神秘主義的であるエロス・性愛についての観念を考察し、西洋ではキリスト教の性愛観念と中世の宮廷愛現象を跡付けようとした著作である。それらのエロス観念が東洋と西洋の人々の性についての感性に、また性愛をとらえる精神構造にどう影響してきたか、どうかかわってきたか。それがパウエルの主要な関心事であることは言うまでもない。無論のこと、中国では老荘思想・道教の、インドではヒンドゥー教の性愛観念が主な考察対象となる。

ただし、本書がユニークなのは、エロスの歴史学・社会学・人間学を叙述する一方、性愛の方法についてのハウツーも語っている点であろう。セックスのマニュアル本にもなっているのである。近年、西洋の一部の科学者が発見した「性交の科学」をつぶさに紹介しながら、その応用をパウエルは読者に熱心に勧めるのだ。それについては、東洋の賢人たちが二千年前に気づいていたことを、西洋人が二十世紀になってようやく発見したという思いがパウエルにあるはずだ。その東洋の英知をわが西洋人はぜひとも学びとらねばならない。その思いが、学術書風の体裁のバランスを壊すのも承知のうえで、ハウツー本風の叙述を取り入れる気持ちをパウエルに促したものと思われる。「変な本」という感想はそのアンバランスによるものなのだが、考えてみれば、道教徒たちの性愛文書にしろ、『カーマスートラ』などインドの文献、十二世紀の司祭カペルラヌスの宮廷愛文書など、どれも理屈をこねまわすよりは、まずもって具体的な性の手ほどき、指南の書であったわけで、パウエルにも現代版のセックス指南書を書く意図があったのかもしれない。

繰り返しになるが、西洋人の偏狭な精神構造が、彼らを、西洋より成熟した中国、インドの伝統から隔てている分厚い壁になっている、というのがパウエルの基本的認識であり、中国、インドという「伝統の強い文化では、セックスは聖なる行為であり、生命の精髄そのものや生命の秘密と交感する行為である」、「道教徒やタントラ行者は、性的抱擁を世俗の性行為とはまったく別のものだと常々断言してきた」というあたりがパウエルのエロス論の基本的視座であるようだ。

性の常みは徹底して個人の行為でありながら、どこかしら、その行為が悠久の生命の流れのようなものに乗っている。人はそう感覚してきたもののようだ。パウエルが語る東洋の伝統的な性愛とエロスの思想は、その感覚を土俵にして生まれてきたのであっただろう。古代中国の道家、道教は（日本では老荘の道家思想は哲学、道教は宗教として区別されているが、欧米では一括して「タオイズム」と呼ばれているし、パウエルにもその区別意識はないようなので、私もそれに従っておく）セックスを、宇宙および森羅万象を支える原理と見なし、性の営みこそが宇宙の調和をもたらすものと見ていた。性的結合があらゆるものに命を吹き込むと考えたのである。また、古代インドのタントラによれば、性交は単なる肉体交渉であるにとどまらず、心身の惑溺でありつつも、一方では神との合一につながるものであった。

道家の房中術は、男性を陽、女性を陰と見、両者の交合の様態を探るという、いわば壮大なるコスモロジーである。その目的は、（とくに男性においての）養生術、つまり長生きのための健康法にあった。また、男女が与え合う房中ではなく、奪い合うそれであった。自分は精を漏らさず、相手から精を吸収し、それをせっせと貯め込むべし、という指南。房中は戦場であったと言える。その意味で、この房中術の根底には徹底した実利主義、即物主義（ついでに男性第一主義）があり、西洋流の愛だの恋だのといった精神的なものはほとんど介在していなかった。この点で、精神をないがしろにしていたと見えるから、いささか薄ら寒い思いがしないでもない。しかし、それはやはり精神と肉体という近代的二元論の視野からものを見ているからなのであって、中国人にはそもそもそうした二元論がなかったのだ。肉体と精神は同じものであった。

その点、「愛と性の精神史」になれば西洋の出番である。パウエルは西洋の性衝動、セクシャリティを形成してきたいくつかの神話・幻想を剔抉する。キリスト教の原罪という原理、独身主義は、男らしい男と服従する女という性差のステロタイプ、固定した性役割をつくりだしてきた、とパウエルは考えている。ボーヴォワールが『第二の性』で語った「作られた性」である女、主体として存在するのでなく、男の客体としての女。その源流はもちろんキリスト教である。欲望する主体としての男、欲望される客体としての女という図式が近代のセクシャリティの「正統」になった、というミシェル・フーコーの見解を思いだしてもいいだろう。結婚だけはしぶしぶ認めたパウロも、しかし恋愛は認めなかった。そういう禁欲主義が性役割を固定させるに一役買ったことはやはり否めない。ヴァルター・シューバルトが『宗教とエロス』において、キリスト教の強制された独身制度がエロスを殺したとして、それを弾劾しているのだが、その点も同一線上に並ぶ問題であろう。

もうひとつパウエルがつぶさに考察するのが宮廷愛である。宮廷愛に見られる精神と肉体の対立という図式はキリスト教の影響であるが、恋愛まで否定するキリスト教とは宮廷愛はもちろんまったく相容れない。恋愛至上主義であるは無論のこと、なにしろ男性が女性に絶対的服従、無条件貞節を誓うのがこの愛であるからだ。ただしパウエルも指摘するように、宮廷愛も男女のジェンダーを固定させた元凶のひとつであった。ドニ・ド・ルージュモンは、宮廷愛という様式がいまだに西洋の人々の心の基層に生き続けていると言っているし、C・S・ルイスにいたっては、宮廷愛は西洋人の想像力、倫理、日常生活まで変えてしまったが、その「革命」からすれば、ルネッサンスなどはさざ波にすぎない、などとすごいことを言ってのけている。それほど深大な影響を及ぼしたものなら、この情熱愛がジェンダー固定の張本人になったのも理の当然であった。

ニーチェの〈神の死〉、ミシェル・フーコーの〈人間の死〉をつなげれば、現代の愛は〈愛の不在〉によって特徴づけられることになろうか。性が管理化され商品化されるにともない、愛もまた管理化されているとも言える。そういえば、エーリッヒ・フロムは『愛する技術』（邦訳、『愛するということ』）で「愛は崩壊した」と断言していた。近代資本主義制度における、資本の中央集中と労働（と労働する人）への徹底管理によって、社会的存在である人の意識も管理される事態となり、結果として「愛」が崩壊したという次第。フーコーの、性と権力の関係を抑圧の関係と見る視点もそこにつながるだろう。そうした近・現代の言説を読むにつけ、スタンダールが『恋愛論』で語った「情熱的恋愛」の「結晶作用」、ロラン・バルトの言う〈拉致〉（ひとめぼれ）と呼ばれる催眠状態などは現代にあって生き延びるのは随分とむずかしいような印象がどうしても生じてしまう。

今、愛と性はエイズとともに語られ観念されることになって、バタイユとは違った意味で、死のイメージときり結ぶ地平にたち現れてきた。エロティシズムを「死にまで至る生の高揚」と概念規定したバタイユであったが、その規定は、現実に制約されながらも、どこか彼岸のような場所へおもむいてゆかねばならない人間の根源的な存在矛盾を語っていたと思う。その点で、フロイトが述べた、生の本能であるエロスと死の本能であるタナトスという二元論も思い合わされる。

とはいえ、いくらエイズが登場したところで、近代になってあらわにされてきたこれらさまざまな性と性の言説が、いまさら、覆い隠されることもないだろう。むしろ、身体と精神を媒介とする性と死の関係が改めて生々しく露出してくるなかで、それらの言説も改めて真剣な解読に付されるのではないか。だったら、どのような様相のものであるかはわからぬが、新たな性の「神話」、性のシンボリズムがそこに浮かび上がってくるものと思われるのだが、さてどうか。

以下、訳出するなかで参考になった文献を挙げておく。

・R・H・フーリック『古代中国の性生活』松平いを子訳、せりか書房
・マスペロ『道教』川勝義雄訳、平凡社（東洋文庫）
・マスペロ『道教の養性術』持田季未子訳、せりか書房
・ミシェル・フーコー『性の歴史』渡辺守章・他訳、新潮社
・ジョルジュ・バタイユ『エロティシズム』渋沢龍彦訳、二見書房
・阿部謹也『西洋中世の愛と人格』朝日新聞社
・ドニ・ド・ルージュモン『愛について』鈴木健郎・他訳、岩波書店

・エーリッヒ・フロム『愛するということ』懸田克躬訳、紀伊國屋書店
・ロラン・バルト『恋愛のディスクール・断章』三好郁郎訳、みすず書房
・C・S・ルイス『愛とアレゴリー』玉泉八州男訳、筑摩書房（筑摩叢書）
・ヴァルター・シューバルト『宗教とエロス』石川実・他訳、法政大学出版局
・丸山圭三郎『フェティシズムと快楽』紀伊國屋書店
・アンドレアス・カペルラヌス『宮廷風恋愛の技術』野島秀勝訳、法政大学出版局

本書でのパウエルは、出典の明示や、参考文献の提示という点でいささか杜撰であると言わざるをえない。あえて学術書の堅苦しさを避けたということなのであろうが、たとえば大いに参看したはずである（つまり、種本である）フーリックの『古代中国の性生活』やヒンドゥーの性愛経書である『カーマスートラ』の書名を一度も挙げていないのはやはりまずいというか、少しずるいと思う。（本文に「『カーマスートラ』によれば」と入れたのは私の判断によるもので、その語句は原文にはない。その点は、翻訳上問題があるかもしれない。）道家関係の文献の出典もほとんど明らかにされていない。『ハイト・リポート』は逐一、引用箇所が原注に明示されているのだから、それとのバランスからも異なことである。訳者の手元にある *The Tao of Symbols* にはそうした不手際（とあえて言う）はないから、性愛、エロスという主題がパウエルのおおらかな性格の一面を引き出したもの、とここはまあ好意的に解釈しておくとしよう。

翻訳作業にあたっては、さきほど挙げた文献以外にもいろいろの本のお世話になった。最も役に立ってくれたのは、なんといってもフーリック『古代中国の性生活』（松平いを子訳）だったのだが、笠井寛司著『女が歓ぶ房中術入門』（ごま書房、ゴマポケット）を書店店頭で偶然発見できたことで、作業が随分とはかどったので、申し添えておきたい。

最後になって恐縮だが、英語読解の疑問について、同僚のネイティブであるアントニー・ボーイズ氏、ディヴィッド・ヨシバ氏に教えていただいたので、記してそのお礼を申し上げたい。法政大学出版局の稲義人編集長には、本書の訳出を勧めていただいたことに対して、秋田公士氏には、綿密な編集作業によって力強い支援をいただいたことについて感謝の気持ちを表したい。

〈記〉本文中の〔　〕は訳者の補記、（　）は原著のままである。

一九九四年三月

浅野敏夫

索　引

〈ア　行〉

愛崇拝 *Amor,* cult of　23,24-30の随所に.
ア・ウ・ン／マントラ／真言 AUM mantra　1-2
悪魔 Devil concept　16,20
「アー」と思う感性 Ah-ness　2-3,5
アベラールとエロイーズ Abēlard and Hēloïse　25
『アーラニヤカ』 →『森林書』
イエス（の性倫理）Jesus, sexual morality of　16
一夫多妻制 Polygamy　63-64,65,75,87
医療 Medical profession　138,146,172
　性知識と―― sexual knowledge and　38,124
　中国と西洋を比較した―― Chinese and Western compared　139
陰核 →「女性のオルガスム」
インド India →「ヒンドゥー教の性衝動」
インドネシア（における性風習）Indonesia, sexual practices in　11
インドラ（神）Indra　117-121の随所に,123
陰門（ヴァギナ）からの分泌液 Vaginal secretions　62,63,64
陰陽 Yin and yang　57,59,61,62,63-64,66,89,90,92,93,139
　→「道教の性衝動」をも見よ.
ヴィシュヌ（神）Vishnu　109,119,129
ウィップル，ベバリー Whipple, Beverly　173
ウォーホル，アンディ Warhol, Andy　40
兎男 Hare Man　105,106,107
牛男 Bull Man　105,106
馬男 Stallion Man　106
ウルバン博士，フリードリッヒ・フォン Urban, Dr. Friedrich Von　156-165
　の随所に，168,169
エイズ AIDS　41
『易経』*I Ching*　61,63
エビ（の性行動）Shrimp, sexual behavior of　11
エネルギー／精気 Energy　58-62の随所に，66,67

性の体液の吸収と―― absorption of sexual fluids and　64-65
タントラと―― tantra and　130, 131, 133, 134
エリス，ハヴロック Ellis, Havelock　160
男　→「男性」
男らしさ Masculine traits　34, 35, 50, 54, 78, 167
オルガスム Orgasm　38
――と自己実現した人 and self-actualized people　39-40
――の否定，初期キリスト教における avoidance of, in early Christianity　16-18, 30
西洋の性における――の主な役割 central role in Western sex　44-45
男女の――に対する考え方 attitudes toward male and female　10, 18, 30, 39, 41-55の随所に.
男性における――（射精）の否定的効果 negative effects in men　64-66
道教と―― Taoism and　62, 65
肉体的密着と―― physical intimacy and　48, 51, 53, 54, 166, 171, 173-181の随所に.
場と―― field concept and　178-181
理想愛と―― romantic love and　30
女　→「女性」
女らしさ／女々しさ Feminine traits　34, 177

〈カ　行〉

貝女 Conch Woman　105, 106
『カーマスートラ』 *Kamasutra*　105
カレッツァ Karezza　154-156, 157, 162
感情／情動（性衝動と――）Emotions, sexuality and　51, 108-109, 167-168, 174
カンドゥー（の神話）Kandu, myth of　117-123
姦通 Adultery　20, 27, 28, 115
〈気〉 *Ch'i*　59-61, 64, 65-67, 68, 72, 73, 79, 81-84, 87, 89, 90-92, 136-138, 140, 146
季節（〈気〉と――）Seasons, *ch'i* and　66-67
求愛（ヒンドゥーの文献の――）Courtship, in Hindu literature　111-115
宮廷愛 Courtly love　18, 23-24, 27-30, 32, 101
去勢 Self-castration　11, 88

キリスト教（性衝動と――）Christianity, sexuality and　16-20, 27, 30, 43
儀礼としての性交 Ritual intercourse　→「タントラ」
禁欲（結婚における――）Abstinence, in marriage　11, 17, 27
→「貞節」をも見よ．
孔雀の足跡 Peacock's Foot　110
グリア，ジャーメン Greer, Germaine　51
クリシュナ（神の化身）Krishna　22, 98-101, 102, 182
クリシュナ，ゴーピ Krishna, Gopi　140
クリトリス Clitoris　→「女性のオルガスム」
クンダリニー Kundalini　131-132
卦（古代中国の六行の――）Hexagrams, ancient Chinese　61, 90
芸女 Art Woman　105, 106
経絡 Meridians　90-91, 136, 138-140, 146
ケーゲル，アルフレッド Kegel, Alfred　69
結婚 Marriage　14, 42, 97
キリスト教と―― Christianity and　17, 18, 37
――における禁欲 abstinence in　11
――における性関係 sexual relationship in　13
幸福イコール性という錯覚と―― happiness-equals-sex myth and　34, 41, 157, 161
中世ヨーロッパの―― in medieval Europe　20, 21
ヒンドゥー教の宗教的愛と―― Hindu concept of divine love and　21, 22
理想愛と―― romantic love and　27, 28, 31-33, 38
健康（生体電子の場と――）Health, electromagnetic fields and 136, 139-140
攻撃性（ヒンドゥー教の性衝動における――）Aggression, in Hindu sexuality　110-111
交合　→「挿入」
孔子 Confucius　76
幸福（と性の関係）Happiness, relationship of sex to　38, 39-41
古代中国 Ancient China　→「道教の性衝動」
告解（の性衝動への影響）Confession, impact on sexuality　35-37

〈サ　行〉

山水画（中国の――）Landscape painting, Chinese　5, 58-59, 62, 89, 181

自慰　→「マスターベーション」
シヴァ（神）Shiva　126-129の随所に，132，171，182
鹿男 Buck Man　105，106
鹿運動 Dcer exercise　67-71，131，175，179，180
地獄 Hell　20，23-25
自己実現した人 Self-actualized people　39-40
Gスポット G spot　49，50，82，173
自然（道教の性衝動における――）Nature, in Taoist sexuality　58
磁場 Magnetic fields　→「場（性衝動の――）」
ジャガー，ミック Jagger, Mick　40
射精　→「オルガスム」
射精抑止テクニック Ejaculation control techniques　64，66-67，69，71-73，79，83，84，124，173，178，181
　→「オルガスム」をも見よ．
ジャヤデーヴァ Jayadeva　22
宗教的愛 Divine love　22，24
集団の性 Communal sleeping　10-11
柔道 Judo　77，137
寿老人 Shou Lou　85
純真さ Innocence　1-2
情動　→「感情」
情熱 Passion　15-17，19，20，22-24，27-29，30-33，35，103，110，125，127，169
娼婦 Courtesans　14
　古代インドの――in ancient India　97，103，109
　古代中国の―― in ancient China　75
処女性／童貞 Virginity　9，15，17，42
　キリスト教と―― Christianity and　18-19
　婚前の処女喪失 premarital defloration　129
　――への回帰 return to　40
　道教における―― in Taoism　73-74，79，91，93
　場と―― field concept of sexuality and　166-167
　ヒンドゥー教の求愛の教えと―― Hindu courtship advice and　113-114，132
女性／女 Females
　インドにおける――の性的類型 sexual types in India　105-106
　現代のインドの―― in modern India　115
　古代中国文化の―― in ancient Chinese culture　60-61

鹿運動と—— deer exercise and 69-71
——に対するヒンドゥー教の考え方 Hindu attitude toward 97
——の性衝動 sexuality 44-54の随所に.
——の性の考え方 sexual attitudes of 14-15
——の劣等性 inferiority of 24
纏足と—— foot-binding and 87,88
道教における理想の—— ideal in Taoism 73-74
→「性役割」をも見よ.
女性のオルガスム Female orgasm
クリトリスとヴァギナの—— clitoral and vaginal 43-50の随所に.
鹿運動と—— deer exercise and 69
道教と—— Taoism and 80,82,83,84,86
ジョンソン、ヴァージニア Johnson, Virginia E. 47
『森林書』(アーラニヤカ) *The Great Forest Teaching* 101
神話(ヒンドゥー教の性衝動と——) Mythology, Hindu sexuality and 97-102,116-123,126-130
ストカム，アリス・バンカー Stockham, Alice Bunker 156,162
性／セックス Sex
「アー」と思う感性と—— Ah-ness and 3
幸福と——の関係 relationship of happiness to 40,41
——の，挿入してオルガスムというイメージ thrusting-intercourse-and-orgasm image of 42-53の随所に.
——の二つの様態 two modes of 5-7
退屈，性における boredom with 40-41
→「場(性衝動の——)」,「挿入」,「性衝動」をも見よ.
性愛術 →「房中術」
精液／体液(ヒンドゥー教の性衝動と——) Semen, Hindu sexuality and 116-134の随所に.
性器(道教における——の名称) Sex organs, Taoist names for 58,64-65, 80,85
精気(エネルギー) →「エネルギー」
性交 →「挿入」
性衝動 Sexuality
——と女性のオルガスムの新発見 findings on female orgasm and 47-55
——への告解の影響 impact of confession on 35-37
——の「二重の修養」の方法 "dual cultivation" method 93-94,140,

165-166
——の場 field concept of →「場（性衝動の——）」
——の文化的伝播 cultural transmission of 13-15
性幻想と—— sexual mythology and 15-16, 44
ヒトと動物の比較 human and animal compared 11-13
→「ヒンドゥー教の性衝動」,「性」,「道教の性衝動」,「西洋の性衝動」をも見よ.
生殖（性と——）Reproduction, sex and 17-18, 27, 37, 38, 42-43
生体電子の場 Bioelectric fields →「場（性衝動の——）」
性的無秩序／乱交 Promiscuity 40, 41, 89
性的類型（古代インドの——）Sexual types, in ancient India 104-106
性の革命 Sex revolution 40-41
聖母（崇拝）Virgin Mother, cult of 18, 20, 24, 35
性役割 Sex roles 12-15, 33-35, 54
西洋の性衝動 Western sexuality 8-9, 16
宮廷愛と—— courtly love and 18, 23-24, 27-30, 32, 101
——における告解の役割 role of confesson in 35-37
——に対するキリスト教の影響 impact of Christianity on 16-21
東洋の思考と—— Asian thought and 1-3
セックス →「性」
「全米処女解放戦線」American Virgin Liberation Front 40
戦略（道教徒の——）Military strategy, Taoist 75-81, 151
象（の性行動）Elephants, sexual behavior of 12
象女 Elephant Woman 105, 106
宋玉 Sung Yu 62
『荘子』*Chuang Tzu* 76
挿入／性交／交合 Intercourse
Gスポットと—— G spot and 49-50
——における男らしさ，女らしさ masculine and feminine 78, 167
——の持続 duration of 157-167
西洋の性における——の主たる役割 central role of, in Western sex 42-55の随所に.
道教における—— in Taoism 64-94の随所に.
場の概念と—— field concept of sexuality and 176-181の随所に.
→「オルガスム」,「タントラ」をも見よ.
孫子 Sun Tzu 75

〈タ　行〉

体位（性交の——）Sexual positions　12, 49-50, 110, 180-182
　道教の—— Taoist　58, 82-83, 87
　トロブリアンド諸島島民と —— Trobriand Islanders and　10, 161-162
　蓮のポーズ Lotus Posture　131-133
　ヒンドゥー教の—— Hindu　100, 103, 104, 108, 109-110, 111, 127, 182
体液　→「精液」
男性／男 Males
　インドにおける——の性的類型 sexual types in India　105-106
　——の性の考え方 sexual attitudes of　15
ダンテ Dante　18-19
タントラ Tantra　130-134の随所に，153, 159, 165, 167, 171, 172, 173
中国 China　→「道教の性衝動」
中世 Middle Ages　97
　——の宮廷愛 courtly love in　18, 23-26の随所に，27-30の随所に，41
　——のキリスト教教義 Christian dogma in　11, 18-21
張蒼 Chaung Ts'ang　85
張良 Chang Liang　78
直線的思考と行動 Linear thought and behavior　77-78
チンパンジー（の性行動）Chimpanzees, sexual behavior of　12, 43, 86
通過儀礼 Initiation rites　10
貞節／貞淑 Chastity　14, 23, 24, 28, 29-30, 33, 41, 115
電磁場 Electromagnetic fields　→「場（性衝動の——）」
纏足 Foot-binding　87, 88
道 Tao　59-60, 139
道教の性衝動 Taoist sexuality　57-94の随所に.
　一夫多妻制と—— polygamy and　63-64, 75, 87
　雲と雨の理論 clouds and rain theories　62-63
　女性に対する考え方 attitudes toward females　85-87
　性器の名称 names for sexual organs　58, 64-65, 80, 85
　性能力の蓄積 accumulation of sexual power　64-94
　戦略と—— military strategy and　75-81
　纏足と—— custom of foot-binding and　87, 88
　——におけるオルガスム orgasm in　65, 69, 75, 78-80, 82-84, 86, 87, 94
　——における鹿運動 deer method　67-71, 131, 175, 179, 180
　——における射精抑止 ejaculation control in　64, 66, 67, 69, 71-73, 79,

83, 84, 173
——における女性の性欲の徴候，動き，本質 signs, symptoms, movements, and essence of female desire in 81-82
——における挿入 intercourse in 83-84
——における男性主導の考え方 male-oriented attitudes of 84-87
——における「二重の修養」“dual cultivation” method in 93-94, 104, 165-166
——における理想の女性 ideal female in 74
場と—— field concept and 138-139, 151
武術と—— martial arts and 80, 137-138, 139
童貞 →「処女性」
独身 Celibacy →「禁欲（結婚生活における——）」
トルバドゥール Troubadours 27-28, 29-30
トロブリアンド諸島の性 Trobriand Islands, sex in 161-162

〈ナ 行〉

ナボコフ，ウラディミル Nabokov, Vladimir 31, 37
「二重の修養」の方法 “Dual cultivation” method 93-94, 140, 165-166
日本人 Japanese
——の純真さ崇拝 cult of innocence 2-3
——のビジネス戦略と道教 business strategy and Taoism 75
ノイズ，ジョン Noyes, John 154
→「カレッツァ」をも見よ．

〈ハ 行〉

場（性衝動の——）Field concept of sexuality 135-182
カレッツァと—— karezza and 154-156, 157, 162
処女性と—— virginity and 166-167
生体電子の流れの研究と—— bioelectrical currents research and 135
トロブリアンド諸島島民と—— Trobriand Islanders and 161
——と伝統的タントラと道教の教え and traditional Tantra and Taoist teachings 130-134, 153, 159, 165, 167, 171, 172, 173
——における，肉体的密着と比較された情熱 passion compared with physical intimacy in 169
——に対する手順 procedures for 174-181

ヒンドゥー文化と―― Hindu culture and　140, 152-153
『ハイト・リポート』*The Hite Report*　47, 52, 166
パウロ（タルススの聖――）Paul of Tarsus　16-17
蓮女 Lotus Woman　105, 106, 107
蓮のポーズ Lotus Posture　130, 131-133
はり療法（と指圧）Acupuncture（and acupressure）　66, 80, 91, 138, 139, 140, 146, 158
〈気〉と―― *ch'i* and　66
避妊 Birth control　52, 181
病気　→「病」
ヒンドゥー教の性衝動 Hindu sexuality　22, 95-134の随所に.
シヴァと―― Shiva and　126-129の随所に，132
神話と―― mythology and　95-102, 117-123
――における求愛の手管 courtship rules in　111-115
――における上昇する精液という考え方 upward-flowing semen concept in　116-134
――における女性への軽侮 depreciation of women in　126
――における性的類型 sexual types in　104-106
――におけるタントラ tantra in　130-134の随所に，153, 159, 165, 167, 171, 172, 173
――における女神崇拝 worship of Goddess in　130-134
――におけるリンガ（男根像）lingams in　128-129
――の攻撃性 aggression in　110
フーコー，ミシェル Foucault, Michel　36
武術と〈気〉Martial arts and *ch'i*　80, 137-138, 139
ブラーフマン Brahmans　98, 106, 107, 121
震え Trembling　178
フロイト心理学 Freudian psychology　44-45, 47, 48, 88
分泌液（の吸引）Sexual fluids, imbibing of　88-89
→「陰門（ヴァギナ）からの分泌液」をも見よ.
ベッカー，ロバート Becker, Robert　145-146
ヘミングウェイ，アーネスト Hemingway, Ernest　181
ペリー博士，ジョン Perry, Dr. John　173
ベルナール，クロード Bernard, Claude　144-145
ベルンシュタイン，ジュリウス Bernstein, Julius　144
房中術（インドの――）art of the bedchamber（in ancient India）　110
房中術（道教徒の――）Taoist art of the bedchamber　58, 63, 65, 67, 81

ポリネシア（の性行動）Polynesia, sexual behavior in　157, 160-161

〈マ　行〉

マスターズ博士，ウィリアム・H.（「マスターズ報告」）Masters, Dr. William H.　47
マスターベーション／自慰 Masturbation　12, 43, 47, 48
マズロウ博士、アブラハム Maslow, Dr. Abraham　39
マントラ Mantra　1
密着（への欲求）Intimacy, need for　48, 51, 53-54, 81, 159, 160, 164, 166-167, 170-173, 178-180
夢精 Nocturnal emissions　124
瞑想／黙想（性衝動の場と——）Meditation, field concept of sexuality and　130-133, 137, 138, 140, 142, 147, 148, 150-152, 173, 174, 182
女神崇拝（インドにおける——）Goddess worship in India　129, 132-133
黙想　→「瞑想」
沐浴 Bathing　132, 174
モンク，セロニアス Monk, Thelonius　181

〈ヤ　行〉

病 Illness　24, 32, 41, 67, 83, 139, 144, 149-151, 172
　カレッツァと—— karezza and　163-164, 165
　〈気〉が阻害されての —— obstruction of *ch'i* and　66, 91, 136
　——のリズム rhythms of　138
有機的思考と行動（道教徒の——）Organic thought and behavior, Taoist　77-78
幼児（への愛撫の影響）Infant morality, caressing and　160
ヨーガの行（タントラと——）Yoga exercises, Tantra and　131

〈ラ　行〉

『ラーマーヤナ』*Ramayana*　97, 126
乱交　→「性的無秩序」
理想愛 Romantic love　22, 30-31, 133
　宮廷愛と—— courtly love and　23, 26, 30, 33, 85, 86
　結婚と—— marriage and　31, 32, 38

性と—— sex and　87
性役割と—— sex roles and　33-35
ヒンドゥーのタントラと—— Hindu tantra and　133
——と道教 and Taoism　75, 85-86
呂洞賓（りょどうひん）Lu Tung-pin　79
リンガ（ヒンドゥー教の——）Lingams, Hindu　128-129
ルージュモン，ドニ・ド Rougemond, Denis de　29
礼節 Cortezia　→「宮廷愛」
レスビアン Lesbian sex　51, 52
老子 Lao Tzu　5, 60, 64-65, 67, 75, 77, 167
ロビンス，ハロルド Robbins, Harold　45
ローマ・カトリック教会 Roman Catholic Church
愛崇拝と—— cult of *amor* and　25
義務としての告解と—— obligatory confession and　35-37
→「キリスト教」をも見よ．

〈ワ　行〉

ワッツ，アラン Watts, Alan　1

エロスと精気《エネルギー》——性愛術指南

1994年 5 月20日　　初版第 1 刷発行
2003年 2 月22日　新装版第 1 刷発行
2014年10月20日　　　　第 8 刷発行

著　者　ジェイムズ・N. パウエル
訳　者　浅野敏夫
発行所　一般財団法人 法政大学出版局
〒102-0071 東京都千代田区富士見 2-17-1
Tel. 03 (5214) 5540 ／ 振替 00160-6-95814
製版，印刷　三和印刷
製本　積信堂

ISBN 978-4-588-16205-3
Printed in Japan

著　者

ジェイムズ・N. パウエル
(James Newton Powell)

カリフォルニア大学サンタ・バーバラ校に学び，同大学で宗教学の修士号を取得．その後はサンタ・バーバラの大学で教えるかたわら，旺盛な執筆活動を展開している．本書に先行して *The Tao of Symbols* および *Mandalas: The Dynamics of Vedic Symbolism* の著書があるが，東洋の思想・宗教研究から次第に関心の範囲を広げ，現在は現代の文学批評理論に関する本を執筆中である．

訳　者

浅野敏夫（あさの　としお）

1947年生まれ．茨城大学文理学部英文学科卒業．茨城キリスト教大学教授．現代アメリカ文学専攻．2012年 4 月死去．訳書に，ゴッフマン『儀礼としての相互行為〈新訳版〉』，エドマンドソン『反抗する文学』，アイスラー『聖なる快楽』，テイラー『ノッツ nOts』，ワイス『危険を冒して書く』，ジラール『ミメーシスの文学と人類学』，カーン『時間の文化史』『空間の文化史』，スタム『転倒させる快楽』，クンデラ『小説の精神』（共訳），ジェイ『文化の意味論』――以上，法政大学出版局刊．アイスナー『カフカとプラハ』（共訳），テツマロ・ハヤシ編『スタインベックの創作論』――以上，審美社刊．『スタインベック書簡集』（共訳）――大阪教育図書刊．